자본주의는 도덕적인가
(The Morality of Capitalism)

- 지식인들도 이해 못한 시장경제의 본질 -

자본주의는 도덕적인가
(The Morality of Capitalism)

– 지식인들도 이해 못한 시장경제의 본질 –

편저 탐 G. 팔머

번역 김광동

비봉출판사

— 역자 서문 —

자본주의는 아름답고 도덕적이다

자연과 인간도 아름답지만 자본도 아름다운 것이다. 자본이 아름다운 이유는 자본으로 인해 우리 인간이 힘겨운 노동으로부터 해방되고 윤택한 삶을 살 수 있게 되었기 때문이다. 나뭇가지로 땅을 파야 했던 시대에 삽과 쟁기라는 자본을 만들어 생산성을 높인 사람들은 위대했다. 삽과 쟁기로 땅을 갈아 농사 짓던 시대에 포클레인이나 방적기라는 자본을 만들어 사용할 수 있게 한 사람들은 더욱 위대한 것이다. 인간이 힘겨운 노동으로부터 해방되고 원하는 것을 즐길 수 있게 된 것은 포클레인과 방적기 같은 자본이 만들어내는 생산성 덕분이다. 자본을 조성하고 운용하는 사람이 있었기에 증기기관과 자동차에서부터 컴퓨터와 인터넷의 활용에 이르기까지 인간이 누릴 수 있는 가치와 행복은 이루 상상할 수 없는 영역까지 확대될 수 있었다.

물적 자본이든 지적 자본이든, 인류가 자본을 만들 수 있었던 것은 자신들의 노동력과 창의성을 조직적으로 집적해 냈기 때문이다. 만약 인류가 생산도구인 자본과 자본을 운용하는 기업을 만들지 않고 그때 그때 획득했던 것을 다 소비해 버리고 말았다면 오늘날과 같은 인류는 없었을 것이다. 옛날 마을에서 곡식을 빻기 위해 물레방아를 만들어 세운 것이나, 마차와 자동차가 다닐 수 있게 길을 닦은 것도 모두 다 자본을 만드는 사회적 축적과정의 하나였다. 그런 의미에서 자본 속에는 생산성을 높이고 노동과 인간의 가치를 제고시키겠다는 인류의 꿈이 응축되어 있는 것이다. 따라서 예술품이나 자연만 아름다운 것이 아니라 자본도 아름다운 것이다.

또한 자본주의 사회야말로 진실로 도덕적인 사회이다. 주는 만큼 받는 사회를 정착시켰다. 기여한 만큼 대가를 받는 사회를 만들어내고 있다. 적어도 본격적인 시장경제와 자본주의가 형성되기 전에는 그런 사회가 없었다. 과거에는 타고난 신분과 부모의 위치에 따라 인간의 값과 미래가 좌지우지되었다. 열심히 일하는 사람 따로 있고 누리며 쓰는 사람이 따로 있는 그런 봉건적 전근대 사회가 계속되었다. 각종 영화나 동화 속에서 비춰지는 귀족적 삶을 사는 사람은 단 0.1%도 안 되었다. 그러나 자본주의 시대에 들어서면서 비로소 평등의 시대가 열렸다. 야구선수든 기술자이든, 그 사람의 가치는 소비자가 결정한다. 일한 결과물은 자신의 것이고, 누구나 재산을 가질 수 있게 되었다. 원하는 바에 따라 자기 재산을 사용할 수 있게 되었다. 국가와 당(黨), 혹은 독재자가 마음대로 내 재산을 건드릴 수 있는 사회는 시장적 교환으로만 거래되는 자본주의와는 결코 양립할 수 없다. 그런 면에서 자본주의만큼 도덕적이고 정의로운 사회도 없었다.

물론 자본주의가 완벽하다고 말해야 할 이유도 전혀 없다. 하지만 분명한 것은, 자본주의 이전에는 자본주의만큼 아름답고 도덕적인 사회는 없었다는 것이며, 자본주의는 지금 이 순간에도 진화하고 있다는 사실이다. 그런데도 자본주의의 모든 혜택을 누리면서도 자본주의를 비난하는데 목소리를 높이는 사람들은 매우 많다. 더 나은 사회로 개선하자는 취지라면 좋겠지만, 그런 비판의 밑바닥에는 남들이 힘겹게 노력해 만들어놓은 것을 '함께 나눠쓰자'는 의도가 깔려있다. 자본주의를 공격하는 것 같지만, 실제로는 나보다 많이 가진 사람의 것을 좀 나눠쓰자는 논리를 펼치는 것이기에 위선적인 것이다. 자신이 나서서 더 많이 생산하고 더 나눠주면 안 되는 것인가? 불확실한 상황에서 사업을 해야 하는 기업의 위험과 손해는 고려하지 않으면서, 특히 자라나는 젊은 세대를 위해서는 일자리 하나 만들어주지 못하는 소위 '지식인'에게서, 자본주의는 늘 비판의 대상이 되고 있다는 것은 참으로 역설적이다.

이 책은 매우 용감하다. 우리가 살고 있는 자본주의의 본질과 성격을 정면으로 파고들어 이해하게 만들기 때문이다. 자본주의 비난이 범람하고, 자본주의를 비판하는 것이 마치 지식인의 역할인 양 여겨지는 시대에 우리 자신을 되돌아보게 만드는 책이다. 성장적 생산은 당연히 주어져 있는 것처럼 전제하고, '평등'과 '분배'를 통해 '복지국가'와 '정의'가 이룩될 수 있다는 허구적 사고가 팽배해지는 한국 사회에 균형적 사고를 형성시켜 주게 될 글들로 채워져 있다. 이런 글을 통해 자본주의를 보다 정확하게 이해하게 된다면 우리는 자본주의를 더 성숙시켜 나갈 수 있을 것이다.

마지막으로 자본주의의 본질과 도덕적 성격을 이해하게 해 줄 용기 있는 글들이 번역되어 누구나 쉽게 읽고 생각할 기회를 만들어 준 〈자유경제원〉과 〈비봉출판사〉에 깊은 감사를 표한다.

2016. 4. 11.

역자 金 光 東

차 례

제 2 부 자율적 상호 행동과 자기 이익
(Voluntary Interaction and Self-Interest)

제 3 부 부의 생산과 분배
(The Production and Distribution of Wealth)

제 4 부 글로벌 자본주의
(Globalizing Capitalism)

– 서 론 –

자본주의는 도덕적인가?
(The Morality of Capitalism)

탐 G. 팔머

철학자 로버트 노직(R. Nozick)은 "자본주의는 상호 합의하는 인격체들 사이에서 작동된다"[1]고 표현한 적이 있다. 본 책의 목적도 성인 인격체들 간의 상호합의로 작동되는 자본주의의 도덕적 정당성을 규명하는 데 있다. 인격체들 간의 활동이 의미하는 것은 상호협력적으로 생산하고 자유롭게 교환하면서 만들어진 경제사회적 시스템을 말한다.

자본주의의 도덕 문제를 다루는 데 있어서 '자본주의는 도덕적인가?'라는 제목은 매우 적절한 표현이다. 본 책에 편집된 글은 단지 추상적 도덕철학에 한정된 것이 아니라 경제, 논리, 역사, 문학 등 다른 학문 영역까지를 포함한다. 또한 자유로운 교환에 내포된 도덕성만을 말하는 것이 아니라 자본주의 자체의 본질적 도덕성에 관한 것이기도

---

1) Robert Nozick, *Anarchy, State, and Utopia* (New York: Basic Books, 1974), p. 163.

하다. '자본주의'란 용어는 먼 옛날부터 이어져온 재화와 서비스의 교환과 관련된 시장(market)만을 표현하는 것은 아니다. 혁신과 번영의 창출은 물론이고 사회 변화를 만들어내는 시스템(system)을 포괄적으로 표현하는 개념이다. 자본주의가 가져온 혁신과 부의 창출, 그리고 사회 변화는 수십억 명의 인류에게 자본주의 이전 시기의 사람들은 전혀 상상하지도 못했던 번영을 창출해 주었기 때문이다.

자본주의란 법, 사회, 경제 그리고 문화 시스템을 말한다. 인간이 누릴 권리의 평등만이 아니라 '인간의 재능을 발휘하게 만들 직업'까지도 가능케 하는 것이 바로 자본주의다. 경제학자 조셉 슘페터(J. Schumpeter)가 자율적 시장교환 과정에서 '창조적 파괴'가 일어난다고 적절히 표현한 바 있듯이, 다양한 참여자들이 시행착오 과정을 적극적으로 시도하게 만들고, 결국에는 상상하지 못했던 새로운 혁신을 창출해내게 하는 것도 바로 자본주의다.

다른 시스템과는 달리 자본주의 시스템은 기업가, 과학자, 혁신가, 위험 감수자, 그리고 창조자들을 특별히 존중하고 대우한다. 마르크스(Marx)가 대표적이지만, 많은 철학자들이 자본주의를 물질주의(materialism)라고 비난하고 있지만, 그들이야말로 단지 물질에만 집착하는 물질 숭배자에 지나지 않는다.

분명한 것은, 자본주의만이 문화적 도전 정신과 깊이 연계되어 있다. 역사가 애플비(J. Appleby)는 최근 그녀의 연구 저서인 『중단 없는 혁명: 자본주의 역사』에서 "자본주의는 문화 시스템이지 경제 시스템이 아니다. 그렇기 때문에 물질적 요소만으로는 자본주의를 결코 설명

할 수 없다"고 지적한 바도 있다.[2]

자본주의는 문화적, 정신적 그리고 윤리적 가치체계다. D. 스왑과
E. 오스트롬은 개방적 경제를 유지하는 규범과 규칙의 기능과 관련된
게임이론을 통하여 자유시장은 남의 것을 훔치는 것을 억제시키고 '신
뢰를 증진시키는'[3] 규범에 기반하고 있다는 것을 명확히 규명하였다.
자본주의를 비난하고 파괴하려는 사람들이 그려온 자본주의의 모습과
달리, 이익 충돌이 있다고 해서 도덕이 무너지는 것은 결코 아니다. 자
본주의적 상호작용은 고도의 윤리적 규범과 규칙에 의해 작동하기 때
문이다.

실제로 자본주의는 약탈과 탈취의 윤리를 거부하는 것에 기반하고
있다. 약탈과 탈취라는 방식으로 부(富)를 누려온 사람들의 부(富)의
대부분은 자본주의가 아닌 다른 정치경제적 시스템에서 가능했던 것
들이다. 실제 인류 역사를 보면, 많은 나라의 부자들이 그렇게 부자가
될 수 있었던 것은 다른 사람이 만든 부를 빼앗아 온 것이기도 하다.
물론 그것이 가능했던 것은 특정 권력자들이 국가(國家)라고 불리는
조직화된 강제력을 독점적으로 사용할 수 있었기 때문이다.

---

2) Joyce Appleby, *The Relentless Revolution: A History of Capitalism* (New York:
  W. W. Norton and Co., 2010), pp. 25-26.

3) David Schwab and Elinor Ostrom, "The Vital Role of Norms and Rules in
  Maintaining Open Public and Private Economies," in *Moral Markets: The
  Critical Role of Values in the Economy*, ed. by Paul J. Zak (Princeton: Princeton
  University Press, 2008), pp. 204-27.

그런 약탈적 엘리트는 국가라는 조직의 힘을 이용해서 독점권을 갖거나, 혹은 세금이란 방식으로 다른 사람이 만든 생산물을 빼앗기도 한다. 그런 시대의 부자들이란 정부가 거둬들인 세금에 의존해 먹고 살거나, 국가가 만든 독점제도와 경쟁제한 조치로부터 혜택을 입은 결과이기도 하다. 그렇지만 인류가 그런 범죄적 행위를 저지르지 않고 모두가 보편적으로 번영된 삶을 누릴 수 있게 된 것은 오직 자본주의라는 시스템에서만 가능해진 것이다.

경제학자이자 역사학자인 D. 맥클로스키는 "오늘날 개인의 실제 수입은 근대 경제성장을 주도했던 영국 및 다른 나라에서 1700년이나 1800년경 누리던 것보다 적어도 16배 이상 초과했다"[4]라는 '위대한 사실(The Great Fact)'을 상기시킨 바 있다. 자본주의에서 가능해진 그런 위대한 사실은 인류 역사에서 전례가 없었던 것이다. 맥클로스키의 추산은 오히려 매우 보수적이다. 손끝만으로 세계의 모든 문화를 향유할 수 있게 만든 과학기술의 놀라운 발전까지를 고려하지 않더라도 우리는 이미 그런 수준에 와 있다는 것을 알기 때문이다.

자본주의는 기업가적 혁신을 존중하고 북돋우는 방식을 통해 인류가 가진 창조성을 다른 사람들을 위한 서비스로 전환시키게 만들었다. 현재 우리가 사는 방식과 19세기 이전까지 우리 조상들이 살아온 방식의 차이를 설명하는 것은 이제 거의 불가능한 수준에 와 있다. 인류의 삶을 바꾼 혁신(innovation)이란 단지 과학기술적인 것만이 아니라 제도적인 것이기도 하다. 모든 형태의 사업 조직은 자발적으로 무한대

---

4) Deirdre McCloskey, *Bourgeois Dignity: Why Economics Can't Explain the Modern World* (Chicago: University of Chicago Press, 2010), p. 48.

의 다른 많은 사람들과 업무 협조를 하지 않으면 안 된다.

새로운 금융시장과 금융기술은 하루 24시간 내내 수십억 명의 저축과 투자를 서로 연계시킨다. 또한 새로운 통신커뮤니케이션은 세계 곳곳의 사람들을 한 자리에 모으는 것이나 마찬가지다. 예를 들면, 오늘 나는 핀란드, 중국, 모로코, 미국 그리고 러시아에 있는 친구들과 대화를 나눴고, 미국, 캐나다 파키스탄, 덴마크, 프랑스와 키르기즈스탄 친구 및 지인과 페이스북(facebook)에서 대화를 나눴다. 또한 나는 지금 애플 맥북(MacBook)으로 글을 쓰고 있다. 새로운 생산물은 우리에게 과거 세대가 상상도 하지 못했던 안락함과 즐거움 그리고 다양한 교육기회를 제공하고 있다. 이런 모든 변화는 상상할 수 없을 만큼 우리 사회를 근본적으로 바꾸었다. 물론 이런 모든 것들은 자본주의 이전의 어떤 사회에도 없었던 것들이다.

자본주의란 사회주의 독재자들이 '인민'을 노예로 만들어 놓고 그들에게 "미래를 건설하자"는 식으로 동원하여 물건을 만들도록 강요하는 그런 체제가 결코 아니다. 자본주의는 놀라운 가치를 창조해 내지만 그 방법은 희생을 요구하거나 정신없이 일하도록 강제하는 방식과는 거리가 멀다. 자본주의를 이해하지 못하는 사람은 실업을 없애고 고용을 늘리기 위한 목적을 실현하겠다며 '일자리 만들기'에만 몰두하고 있다. 많이 언급된 예이지만, 밀턴 프리드만(Friedman)은 과거 아시아에서 거대한 운하를 새로 건설했던 사실을 예로 들면서 아주 적절히 설명한 바 있다. 흙을 퍼 담는 기계를 사용하는 대신에 작은 삽으로 어마어마한 양의 흙과 돌을 옮기는 노동자들을 언급하면서 그것이 바로 일자리를 만드는 프로그램이라는 주장을 듣자 마자, 프리드만은 그것이 얼마나 우스꽝스런 것인가를 지적했다.

프리드만은 다음과 같이 말했다: "아, 당신들은 운하를 만들려고 하는군요. 만약 당신들이 일자리를 만드는 것에 목적이 있다면 노동자들에게 삽을 지급하는 대신에 스푼(spoon)을 사용하게 하는 것이 더 좋을 텐데요?"

중상주의자이자 정실주의자(情實主義者)인 로스 페로(R. Perot)가 1992년 미국 대통령 선거에 출마했을 때, 그는 대통령선거 토론회에서 미국이 타이완으로부터 컴퓨터 칩을 사고, 타이완 사람에겐 감자 칩을 파는 상황에 대해 한탄조로 말했다. 페로는 미국인이 겨우 감자 칩이나 팔고 있는 것을 부끄럽게 여겼다. 그러면서 그는 레닌(Lenin)의 견해를 끌어들여 가치라는 것은 공장에서 산업적 생산을 통해서만 창출되는 것이라고 말하기까지 했다.

스탠포드대 경제학자 마이클 보스킨(M. Boskin)은 페로의 그런 논리에 대해 컴퓨터칩 1달러($)이든 감자(potato) 칩 1달러이든, 1달러의 가치(value)는 같다고 대응한 바 있다. 미국 아이다호(湖)에서 감자를 키워 가치를 창출하든, 타이베이에서 실리콘 제작으로 가치를 창출하든, 그것은 모두 동일한 가치를 창출하는 것이지 차이가 있을 수 없는 것이다.

비교우위(比較優位)[5]는 전문화를 가능케 하고 무역을 하도록 만드는 핵심적 요소다. 시골의 농부든, 가구 운반자든, 아니면 금융업이나

---

5) 비교우위 원칙에 대한 간단한 산술적 설명을 보려면,
   tomgpalmer.com/wpcontent/uploads/papers/The%20Economics%20of%20
   Comparative%20Advantage.doc.을 참조할 것.

그 어떤 직종이든, 생산적 가치를 비하시킬 이유는 전혀 없다. 그 한 예로, 오늘 나는 이삿짐을 나르는 세 명의 사람과 함께 내 서고의 책들을 옮겼는데, 그분들이 내 생활에 가져다준 가치가 얼마나 되는지를 나는 아주 정확히 알고 있다. 그렇기 때문에 대가를 지불하고 이사를 해달라고 계약한 것이다. 시장(market)에서는 가치가 증가되었을 때 무엇이 증가되었는지를 보여줄 수 있다. 그러나 거만한 정치인들은 결코 그렇게 할 수 없다. 정치인들이 무슨 가치를 증가시켰는지를 도저히 알 수 없다. 그런 측면에서 자유시장이 없다면 우리는 가치가 늘었는지 그렇지 않았는지조차도 알 수 없는 것이다.

자본주의란 수천 년 간 계속되어 온 시골의 전통시장과 마찬가지로 계란과 버터를 바꾸는 일에 종사하는 사람들에 관한 것을 의미하지 않는다. 자본주의란 인간의 창조적 재능과 에너지를 발휘시켜서 전혀 새로운 가치를 만들고 증대시키는 시스템을 지칭하는 것이다. 그것은 이전의 인류역사에는 없었던 규모로 평범한 사람들에게 부를 창출시켜 주는 것을 말한다. 자본주의란 가장 부유하게 살던 사람들까지도 깜짝 놀라게 만들고, 최고 권력을 가진 왕과 술탄, 그리고 과거 황제들까지 당황하고 놀라게 만들 정도로 펼쳐지는 부의 창출을 말하는 것이다.

자본주의는 바로 오랜 기간 구조화되고 기득권화된 권력과 지배, 그리고 특권 시스템의 궤멸을 의미하는 혁명이었다. 과거와 달리 평범한 사람들도 '재능과 결부된 직업인'의 길을 갈 수 있게 하는 시스템을 말한다. 나아가 자본주의는 강제적 방식을 설득과 동의로 대체하는 것을 의미한다.[6] 각 개인들이 그동안 부러워했던 것들을 노력을 통해 실제로 성취하게 되는 것을 의미한다.[7] 따라서 자본주의란 바로 나의 삶과 우리의 삶을 가능하게 만드는 시스템을 말하는 것이다.

자본주의 사회에 들어서면서 비로소 평범한 사람들조차 과거의 왕과, 술탄, 그리고 황제들만이 누렸던 것을 누리게 되었다. 과거의 권력자와 비교할 때, 오늘날 평범한 사람들이 갖고 있지 못한 유일한 것이 있다면 그것은 다른 사람을 폭력적으로 지배하던 권력이다. 하지만 그런 권력을 행사했던 왕과 황제들의 삶은 현재의 우리 기준에서 보면 비참할 정도로 가진 게 없는 것이었다. 왕과 황제는 노예들과 백성이 갖다 바친 세금으로 만든 거대한 왕궁을 소유했지만, 실내 냉방기나 난방기를 갖추고 살지는 못했다. 비록 그들이 노예와 하인들을 가졌지만 세탁기와 TV, 식기 세척기를 구비하지는 못했다. 마찬가지로 수많은 수행원과 전령들을 부렸을는지는 몰라도 모바일 폰이나 와이-파이 통신을 사용하지는 못했다. 비록 궁정 의사와 사제는 있었지만, 그들의 고통을 완화시켜줄 진통제를 갖고 있지는 못했고, 균에 감염되었을 때 치료할 항생제조차도 갖고 있지 못했다.

---

6) 인간에 영향을 미치는 강제력의 전반적 하락을 이해하고자 하면, James L. Payne, A History of Force (Sandpoint, Idaho: Lytton Publishing, 2004)을 참조할 것.

7) 많은 사상가들은 선망(envy)을 사회 협력과 자유시장 자본주의에 해가 되는 충동 기제로 연구해 왔다. 최근의 흥미있는 접근으로는 인도의 고전인 〈마하바라타〉를 근거로 한 것이 있다. 그 내용은 Gurcharan Das, The Difficulty of Being Good: On the Subtle Art of Dharma(New York: Oxford University Press, 2009), esp. pp. 1-32.에서 확인할 수 있다.

자본주의란 용어의 역사
(The History of a Word)

자유시장이란 개념은 자원이 희소한 상황에서, 명확히 규정된 법에 의해 보장되고 양도(讓渡) 가능한 각종 권리를 갖춘 사람들 간에 자유교환이 이루어지는 시스템이라고 정의할 수 있다. 그런 자유시장이야 말로 근대 세계의 부를 창출하기 위한 필요조건이다. 그러나 경제사학 자들, 특히 저명한 D. 맥클로스키가 설득력 있게 제시한 바와 같이, 그것만으로는 설명이 불충분하다. 다른 무언가가 필요한데, 그것이 바로 자유교환과 혁신(革新)을 통한 가치생산이라는 윤리체계(倫理體系)이다.

자본주의(capitalism)란 용어는 매우 적절한 것이다. '자본'이란 용어를 12세기까지 추적했던 역사사회학자 페르난드 브로델(Braudel)은 자본이란 용어는 "펀드, 상품의 집적, 돈의 축적, 혹은 이익을 만들어내는 돈"[8] 등으로 언급되어 왔다고 밝혔다. 아울러 브로델은 '자본주의'란 용어가 사용되어온 각종 사례를 평가하며 "자본주의란 용어는 결코 우호적 의미로 사용된 적이 없다"[9]고 지적했다. '자본주의'란 단어는 19세기에 보편화되었는데, 마찬가지로 대부분 부정적 의미로 사용

---

8) Fernand Braudel, *Civilization and Capitalism, 15th.18th Century: The Wheels of Commerce* (New York: Harper & Row, 1982), p. 232.

9) Ibid., p. 236.

되었다.

예를 들면, 프랑스 사회주의자 루이 블랑(Blanc)은 자본을 "일부가 다른 사람을 배제시키고 획득해 간 것"[10]이라고 정의했다. 마르크스는 '자본주의 생산형식'이란 표현을 사용하였는데, 그의 열렬한 추종자 베르너 좀바르트(Sombart)는 1912년에 쓴『근대 자본주의(Der Moderne Kapitalismus)』란 책을 통해서 '자본주의'란 용어를 대중화시켰다. 마르 크스와 함께 했던 엥겔스는 좀바르트가 독일에서 마르크스를 제대로 이해한 유일한 사상가라고 칭송했다. 그러나 좀바르트는 다른 형식의 반(反)자본주의체제인 국가사회주의 나치즘의 옹호자로 전락하고 말 았다.

그렇지만 마르크스와 엥겔스는 '자본주의자'와 '자본주의 생산양 식'을 공격하면서 '생산수단을 소유한 계급'을 지칭하는 '부르주아'가 세상을 혁신적으로 변화시켰다는 사실에 대해서는 다음과 같이 표현 한 바 있다:

"부르주아는 그들이 지배했던 불과 1백년 사이에 그 이전 모든 세대 가 함께 만든 것보다 더 거대하고 더 큰 생산력을 창출했다. 자연의 힘을 인간을 위한 것으로 전환시켰다. 기계의 사용, 농업 및 제조업에서 화학 의 적용, 기차, 증기기관, 전기통신, 개간을 위한 대토지 정비, 강에 만든 운하, 그리고 땅에서 살아나온 인간들에 이르기까지 부르주아 생산력은 거대했다. 이전 시기에는 그런 생산력이 사회적 노동의 무릎에서 잠자고

---

10) Louis Blanc, *Organisation du Travail* (Paris: Bureau de la Societe de l'Industrie Fraternelle, 1847), 이는 Braudel, *Civilization and Capitalism, 15th.18th Century: The Wheels of Commerce*, op. cit., p. 237.에서 인용한 것이다.

있다는 것을 누가 감히 예감이라도 했겠는가?"[11]

마르크스와 엥겔스는 기술 혁신에 경탄했던 것은 물론이고, 급격한 사망률의 하락과 삶의 수준 향상, 특히 인간 수명의 연장에 경탄했다. 그런 인간 수명의 연장이란 사실을 서술했던 충격적 표현 방식이 바로 "땅에서 살아나온 인간들"이었다. 물론 마르크스와 엥겔스는 그런 어마어마한 성취에도 불구하고 '자본주의 생산양식'은 파괴되어야 한다고 했다. 보다 정확하게 말하면, 자본주의 생산양식은 스스로 그 자체를 파괴시키고 새로운 시스템을 도입하게 될 것이라고 했다. 그러면서, 도래할 새로운 생산양식은 너무 훌륭한 것이라고 생각해서 그랬는지 몰라도, 그것이 어떻게 작동된다는 것인지에 대해서는 작은 단서조차 제공하지 않았다. 물론 그 새로운 생산양식이란 훨씬 비과학적인 것임은 이제 새삼 말할 것도 없다.[12]

---

11) Karl Marx and Frederick Engels, *Manifesto of the Communist Party*, in Karl Marx and Frederick Engels, *Collected Works, Volume 6* (1976: Progress Publishers, Moscow), p. 489.

12) 마르크스의 경제이론에 대한 매우 영향력 있는 비판으로는 Eugen von Böhm-Bawerk, *Karl Marx and the Close of His System* (1896; New York: Augustus M. Kelley, 1949)이 있다. 뵘 바베르크 책 제목의 보다 나은 번역은"마르크스 체제의 결론에 대해서"일 것이다. 뵘 바베르크는 그의 책에서 자본론 제3권이 출간되면서 마르크스 체제의"결론이 나왔다"고 했다. 뵘 바베르크의 비판이 내재적 비판이고 어떤 식으로도 1870년에 발생한 경제학 내 "한계 혁명(marginal revolution)"의 영향을 받지 않았다는 점에 주목해야 한다. 아울러 경제적 문제를 해결하는 데 있어 집단주의가 무기력하다는 것을 보여준 논문으로는 미제스의"Economic Calculation in the Socialist Commonwealth," in F. A. Hayek, ed., *Collectivist Economic Planning*(London: George Routledge & Sons, 1935)을 참조할 것.

보다 중요한 문제는, 마르크스와 엥겔스가 '자본주의 생산양식'과 연계시켰던 '부르주아'란 개념에 대해 크게 혼동하고 있었음에도 불구하고 자본주의 비판을 계속했다는 사실이다. 공산주의를 실현하기 위한 모든 공산주의적 명령이 실패했다는 것이 입증되었음에도 불구하고, 오직 마르크스와 엥겔스의 자본주의 비판만은 예외적으로 세계의 다수 지식인들에게 여전히 영향력을 발휘하고 있다.

그들은 부르주아를 한편으로는 생산적 기업을 조직하는 '자본 소유자'란 의미로 사용했고, 다른 한편으로는 국가체계와 국가권력에 의존해 살아가는 사람을 지칭하는 것으로 사용했다. 마르크스는 정치에 관한 그의 가장 흥미로운 글에서 다음과 같이 서술했다.

"프랑스 부르주아의 물질적 관심은 광범위하면서도 고도로 분화된 국가체제의 유지와 밀접하게 연결되어 있다. 생산적이지 않은 잉여인구에게 직업을 제공하는 한편, 이윤과 이자 혹은 지대와 수수료의 형태로 정부가 지급하는 봉급이란 방식을 만들어낸 것이 바로 정부조직이다. 부르주아의 정치적 관심은 정부로 하여금 탄압을 매일같이 강화시키도록 강요하고, 그럼으로써 국가권력이 자원과 인력을 스스로를 위해 증대시켜 가게 하는 데 있다."[13]

---

13) Karl Marx, "The Eighteenth Brumaire of Louis Bonaparte," in David Fernbach, ed., *Karl Marx: Surveys from Exile: Political Writings, Volume II* (New York: Vintage Books, 1974), p. 186. 필자는 "Classical Liberalism, Marxism, and the Conflict of Classes: The Classical Liberal Theory of Class Confl ict," in *Realizing Freedom: Libertarian Theory, History, and Practice* (Washington: Cato Institute, 2009), pp. 255-75.에서 마르크스의 경제 및 사회분석에 대한 모순과 혼란을 기술했다.

마르크스는 부르주아와 기업가를 동일한 것으로 보았다. 그러면서 한편으로는 기업가를 생산과 소비를 범세계적 성격을 갖도록 만드는 사람일 뿐만 아니라, 국내 문제에만 몰두하며 편협하게 사고하지 않는 그런 사람들로 보았다. 또는 그는 국민문학을 세계문학으로 만드는 것도 기업가이며, 생산도구를 급속도로 개선시키고 소통수단을 편리하게 만들어 누구나 사용하게 하는 것도 기업가라고 하였다. 그러면서 기업가가 제공하는 대량의 값싼 상품으로 비문명인들이 외국인에 대한 완고한 적대감을 극복하게 만든 것도 기업가라고 평가했다.[14] 또 다른 한편, 마르크스는 부르주아를 정부 부채와 같은 공공대출과 지원에 의지해 살아가는 기생적 존재로도 언급하였다.

"근대적 금융시장의 은행업무란 대개 공공대출과 가장 밀접하게 연계되어 있다. 사업자본의 일부는 은행에서 단기 공공자금 형식으로 이자를 받고 대출해준 것이다. 상인과 제조업자에 의해 조성되고 배분되는 자본이란 바로 은행 예탁금인데, 그것은 부분적으로 정부부채에 대한 채권 소유자의 배당 몫으로부터 발생된 것이다."[15]

마르크스는 '부르주아'를 국가 기구를 통제할 권한을 갖기 위한 투쟁에 몰입하고, 그런 방식과 결과로 혜택을 보는 존재라고 보았다.

"모든 정치적 격변은 국가 기제를 없애는 것이 아니라 오히려 더 커다랗게 만들어왔다. 순서를 바꿔가며 지배를 기도했던 정당들은 그 같은 거

14) Karl Marx and Friedrich Engels, *Manifesto of the Communist Party*, p. 488.

15) Karl Marx, "The Eighteenth Brumaire of Louis Bonaparte," p. 222.

대 국가기구를 소유하는 것을 승리에 따른 주요 전리품(戰利品)이라고 여겼다."[16]

역사학자 셜리 그루너(S. Gruner)는 다음과 같이 표현한 바 있다. "마르크스는 부르주아를 발견하면서 현실을 꿰뚫어 볼 수 있게 되었다고 생각했다. 그러나 마르크스는 실제로는 매우 애매하고 이중적인 개념을 사용하고 있었다."[17] 마르크스는 어떤 저작에선 자본주의자란 용어를 '생산적 기업을 조직하고 부를 창출하는 데 투자하는 혁신적 기업가'를 표현하는 데 사용했고, 다른 저작에선 '국가기구 주변에 모여들어 조세(taxation)에 의존해서 살아가며, 공정경쟁이 제한되도록 로비하거나 자유무역을 제한하자는 사람'으로 언급하는 데 사용했다. 간략히 표현하면, 부를 창출하고자 투자하는 사람이 아니라 다른 사람이 만든 부를 재분배하거나 파괴하고, 시장이 작동하지 않게 하고, 가난한 사람을 계속 못살게 만들면서, 다른 한편으로는 사회를 자신의 통제 아래 둘 목적으로 권력을 장악하는 데 투자하는 사람이라고 했던 것이다.

마르크스와 그 계승자 좀바르트(Sombart)의 영향에 따라 '자본주의'란 용어는 보편적으로 사용되었다. 자본주의란 개념은 생산적 기업가 정신이나 시장교환 시스템으로 표현되기도 했지만, 다른 한편으로는 타인으로부터 빼앗은 조세에 의존하는 시스템으로 혼동되어 사용되고

---

16) Karl Marx, "The Eighteenth Brumaire of Louis Bonaparte," p. 238.

17) Shirley M. Gruner, *Economic Materialism and Social Moralism* (The Hague: Mouton, 1973), pp. 189-190.

일반화되었던 것이다. 따라서 자본주의는 재산권, 시장, 돈, 가격, 노동 분업과 모든 자유주의 체계의 폐지를 옹호하는 사람들에 의해 확산되었다. 물론 여기에서 말하는 자유주의 체계란 개인의 기본권, 종교적 자유, 자유 언론, 법 앞에 평등, 그리고 헌법으로 규정된 민주정부 등을 말하는 것이다.

개념 사용이 잘못된 다른 예와 마찬가지로 '자본주의'란 용어가 부정적으로 사용되는 것을 반대했던 자유 시장주의자들도 잘못 사용하기는 마찬가지였다. 자본주의란 용어의 역사적 결과지만, 자본주의를 옹호할 목적이든, 사회과학적 토론을 위한 중립적 용어든 간에 '자본주의'란 용어를 선택한 사람들은 불이익을 받을 수밖에 없었다. 왜냐하면 자본주의란 용어는 자유시장적 기업가 정신을 의미하기도 했지만, 다른 한편으로는 조세 및 정부 권력과 정부 보호에 의존해 살아간다는 부정적 의미를 내포한 모호한 이중적 표현으로 사용했기 때문이다. 물론, 그 외의 다른 측면에서도 자본주의란 용어가 거의 언제나 부정적 표현으로 사용되어 왔음은 말할 것도 없다.

자본주의란 용어가 매우 모순되는 의미와 이데올로기적 함축으로 가득 차 있다는 이유로 그 용어를 폐기하자는 사람도 있다.[18] 분명히 매우 솔깃한 말이다. 그러나 문제는 여전히 남는다. 자본주의란 개념 없이 근대 세계를 표현하기는 어렵기 때문이다. 단순히 사람들이 자유

---

18) 한 예로 Sheldon Richman, "Is Capitalism Something Good?" www.thefreemanonline.org/columns/tgif/is-capitalism-something-good/.을 참조할 것.

롭게 무역하고, 이익과 손해에 따라 행동하게 된 것으로 근대 세계의
출현을 설명하고 경제적 진화 현상을 이해하기에는 충분하지 않기 때
문이다.

근대시장은 계란과 버터가 교환되는 단순 시장을 넘어서서 제도,
기술, 문화예술 및 사회적 혁신에 의해 생겨난 것이기도 하지만, 그런
혁신을 더욱 가속화하면서 만들어진 것이다. 근대의 자유시장적 자본
주의는 과거처럼 수천 년에 걸쳐 매우 느리게 변한 것이 아니라 상상
할 수 없을 만큼 빠르게 혁신되어 왔다. 마르크스 같은 사회주의자나
그와 궤를 같이하는 반시장적 보수주의자들도 근대 세계가 얼마나 가
공할만한 것인지를 정확히 알고 있었다. 조셉 슘페터(J. Schumpeter)는
『자본주의, 사회주의 그리고 민주주의』에서 "자본주의가 모든 구조들
을 어떻게 창조하고, 어떻게 다시 파괴시켜 가느냐 하는 것이 본질적
문제였음에도 불구하고, 단지 자본주의가 현재의 구조를 어떻게 지속
시키고 있는가에만 주목했다"[19]며, '창조적 파괴'를 보지 못하는 사회
주의자를 비판한 바 있다.

근대 시장경제는 전통시장처럼 교환이 이루어지는 장소만을 의미
하지는 않는다. 시장경제(市場經濟)란 '연속적인 창조적 파괴'를 의미
한다. 달리 표현하면, 10년 전에 새 것이 이제는 낡은 것이다. 새롭게
개선된 신형 버전, 새로운 기계와 제도 및 기술, 그리고 누구도 상상하
지 못했던 상호 시너지와 융합작용에 의해 모든 것이 대체된다. 그것
이 바로 전통시장과 근대적 자유시장의 커다란 차이다. 근대 세계를

---

19) Joseph Schumpeter, *Capitalism, Socialism, and Democracy* (London: Routledge,
    2006), p. 84.

만든 자유시장적 관계를 그 이전에 있었던 전통시장과 구별짓는 가장 적절한 개념이 바로 '자본주의'인 것이다.

창조적 파괴를 반복한다고 하더라도 자본주의는 무질서와는 근본적으로 다른 것이다. 자본주의는 과정(process)에서 형성되는 '자생적 질서'를 보여준다. 그런 질서를 '생성적(emergent) 질서'라고 표현하기도 한다. 물론 자본주의가 가져오는 혁신적 질서는 '법의 지배'와 '권리의 확립'이라는 예상가능한 일관성이 유지될 때에만 가능해진다. 데이비드 보아즈(D. Boaz)는 『미래주의자(Futurists)』란 책에서 다음과 같이 표현했다.

"눈앞에 펼쳐진 무질서한 시장에서 질서를 본다는 것은 쉬운 일이 아니다. 표면적으로는 시장이 질서에 역행하는 것처럼 보이지만, 가격 시스템은 자원을 가장 잘 사용할 곳으로 끊임없이 이동시키고 있다. 질서에 반하는 것처럼 보이는 것들이 바로 사업 실패, 일자리 손실, 서로 다른 속도로 성공하는 사람들, 쓸모없는 것으로 결론이 난 투자 등이 그것이다. 급속도로 진행되는 '혁신 시대'(Innovation Age)는 훨씬 더 혼란스럽게 보일 것이다. 거대 사업들이 어느 때보다 급격하게 번성하거나 쇠락하고, 어느 누구도 장기적 직업을 갖기는 어렵게 되었기 때문이다.

실제로도 교통과 커뮤니케이션, 그리고 자본시장의 급격한 효율성 증가에 따라 전통적 산업시대에 시장이 누렸던 것보다 훨씬 더 새로운 질서가 형성된다는 것을 알 수 있다. 가장 중요한 사실이란 '과도하거나 잘못된 것들을 개선시키고', 각자 자기가 원하는 것을 실현시킬 목적으로 시장과 '연결'됨에 따라 정부에 의한 강제를 피할 수 있게 되었다는 명백한 사실이다."[20]

자유시장 자본주의 vs. 연고 자본주의
(Free Market Capitalism vs. Crony Capitalism)

사회주의자들이 사용한 "자본주의"란 용어가 갖는 이중성의 혼란을 피하기 위해 "자유시장 자본주의"는 '연고 자본주의'와 명확하게 구별되어야 한다. 연고(crony) 자본주의에 따른 부패와 후진성은 매우 많은 나라에서 수도 없이 나타난다. 아직도 많은 나라에서 어떤 사람이 부자라면 그는 정치권력을 가질 수 있는 남다른 기회를 갖고 있는 경우가 많다. 혹은 정치권력을 가진 사람이 가까운 친척 내지 친구이거나, 달리 말하면, '연고를 가진 자'인 경우가 대부분이다. 그런 사람의 부(富)는 가치 있는 재화를 만들었기 때문에 갖게 된 것이 아니라, 권력이 나서서 다른 사람을 희생시키고 대신 특정인에게 특혜를 부여함에 따라 만들어진 것이다.

슬프게도, '연고 자본주의'란 용어가 미국 경제에서도 점점 확대되고 있다. 왜냐하면 미국에서조차 실패한 기업들에게 "구제 금융"이란 방식으로 세금 납부자로부터 거둬들인 조세가 투입되기 때문이다. 워싱턴 D.C.와 같은 국가 중심부는 '지대 추구'적 로비스트, 행정 관료,

---

20) David Boaz, "Creating a Framework for Utopia," *The Futurist*, December 24, 1996, www.cato.org/pub_display.php?pub_id=5976.

정치인, 컨설턴트 및 정당꾼들로 가득 찬 거대한 벌집이나 다름없다. 미국 재무성이나 연방준비제도 같은 중앙은행에 의해 선임된 공무원들도 자기 마음대로 특정 기업에게 보상을 주고, 다른 일부 기업에게는 손해를 주는 일을 하고 있다. 그런 부패한 연고주의를 결코 "자유시장 자본주의"와 혼동해서는 안 된다.

자유시장 자본주의란 모든 사람에게 평등한 기본권, 선택할 자유, 교환할 자유, 혁신할 자유, 그리고 이익과 손해라는 원칙에 따라 행동할 자유와 법치주의에 기반하고 있다. 자유시장 자본주의는 부의 생산에 투자하지 않고 정치권력에 투자한 사람으로부터 재산을 압수당하거나 재산권을 제약당할 위협에 처하지 않는 것을 의미하면서도, 성실하게 노동하여 저축하거나 투자해서 만들어낸 결실을 온전히 향유할 권리에 근거한 시스템이다.

기득권 엘리트는 당연히 자유시장 경제가 창출해 내는 변화의 물결에 반감을 가진다. 기득권 엘리트들은 특권 없던 소수자들이 '거만해지고', 낮은 계층이 더 이상 기존의 위치에 머물러 있지 않는 것에 불만을 가진다. 기득권 엘리트에게 더 충격적인 것은, 자유시장 자본주의에서는 여성들도 그들이 수행한 가치와 몫을 받기를 요구한다는 것이다. 한마디로 신분구조가 붕괴된 것이다. 태생이나 신분보다 자유선택과 동의에 기반한 관계가 형성되고 있다는 것은 엄연한 사실이다.[21] 자유시장 자본주의에 대한 반(反)시장 혹은 보수주의자의 혐오는

---

21) 법역사학자인 헨리 섬너 메인(Henry Sumner Maine)은 가족 구성원에 토대를 둔 상속(inherited) 관계로부터 개개인의 자유와 시민사회로의 "진보적 사회 변화"를 "신분(status)에서 계약으로의 변화"라고 표현했다. Henry Sumner Maine, Ancient Law (Brunswick, NJ: Transaction Publishers, 2003), p. 170.

바로 그런 변화에 대한 거부와 특권을 상실하는 것에 대한 불만으로 표출된다.

그런 혐오감의 표현에 대한 대표적 예가 바로 마르크스의 저작에 매우 명료하게 요약되어 있다. CME그룹(과거의 시카고 상업거래소)의 명예회장인 레오 멜라메드는 자신의 경험을 다음처럼 잘 서술했다:

> "시카고 금융시장에서는 그의 혈통이나 집안 배경과 신체 특징, 혹은 남성이냐 여성이냐와 같은 '당신이 누구냐'가 아니라, 소비자가 무엇을 원하고 시장이 어느 방향으로 가고 있느냐를 읽을 능력을 갖췄느냐가 모든 것을 결정한다."[22]

자유시장 자본주의를 받아들인다는 것은 변화하고, 혁신하며, 발견해내는 자유를 받아들인다는 의미이다. 변화를 수용하는 것은 물론이고, 사람이 원하는 것을, 그것이 무엇이든, 원하는 대로 할 수 있게 하는 자유를 존중하는 것이다. 그것은 신기술과 새로운 과학이론, 또 새로운 형태의 예술과 새로운 관계를 만들어 나갈 여건과 환경이 만들어진다는 의미이다. 그것은 빈곤을 퇴치할 유일한 수단인 부를 창출할 자유를 허용한다는 것이기도 하다. 부(富)에는 원인이 있지만 가난에는 원인도 없다. 왜냐하면, 부를 생산하지 못하면 가난으로 귀결되지만, 가난을 만들지 않았다고 해서 부로 귀결되는 것은 아니기 때문이

---

22) Leo Melamed, "Reminiscences of a Refugee," in *For Crying Out Loud: From Open Outcry to the Electronic Screen* (Hoboken, NJ: John Wiley & Sons, 2009), p. 136.

다.[23] 그런 면에서 자유시장은 인간의 자유를 축복해 주고 인간의 잠재력을 실현할 여건을 만들어주는 것이다.

　본 책에 글을 허락한 저자들은 다양한 나라의 다양한 문화 기반을 가진 분들이면서도 남다른 소명의식과 함께 지적 훈련을 거친 분들이다. 각 저자들은 자유시장적 교환이야말로 도덕성에 근거하고 있고, 또한 도덕적인 행동을 강화시키고 있다는 것에 대한 깊은 이해를 보여준다. 이 책은 다양한 글을 모아놓은 것이기 때문에 어떤 것은 짧고 어떤 것은 꽤 길다. 이해하기 쉬운 것도 있고, 다소 학문적인 것도 있다. 두 개의 글은 중국어와 러시아어로 발표되었던 것이지만, 본 책으로 구성되면서 영어로 번역된 것이다.

　본 책은 두 명의 노벨상 수상자의 글을 포함하고 있는데, 한 분은 소설가이고, 다른 한 분은 경제학자다. 성공한 기업가에 대한 인터뷰도 있는데 그는 '책임 있는 자본주의(conscious capitalism)'에 대한 열렬한 옹호자이기도 하다. 여기의 글들이 자유시장적 자본주의에 관한 모든 논의를 제공해 줄 수는 없지만, 보다 훌륭한 저작에 대한 입문서로서의 역할은 충분히 하게 될 것이다. 관련된 다른 저작에 대한 부분적 소개는 이 책의 마지막 부분의 저서 목록에 있다.

　독자들은 왜 자유시장적 자본주의를 강력히 옹호하는 내용들만 담고 있느냐고 물을 수도 있다. 그 이유는 다음과 같다. "균형 잡힌" 논

---

23) 필자는 가난과 자유시장 자본주의의 문제를 "Classical Liberalism, Poverty, and Morality," in *Poverty and Morality: Religious and Secular Perspectives*, William A. Galston and Peter H. Hoffenberg, eds. (New York: Cambridge University Press, 2010), pp. 83‒114.에서 보다 체계적으로 소개하고 있다.

의를 제공하겠다는 취지에서 수천 권의 책이 나와 있지만, 실제 내용
을 살펴보면 전반적으로 부의 창출, 혁신, 기업가 정신, 이익과 손해의
원칙에 기반한 시스템을 핵심으로 하는 자유시장 자본주의에 대한 부
정적 측면만을 나열하는 내용들로 채워져 있기 때문이다. 나는 일생동
안 자유시장 자본주의를 공격하는 수백 권의 책을 읽어왔다. 공격 논
리에 대해 생각도 해보고 극복하려고 노력도 해봤다. 그러나 분명한
것은, 시장경제 비판자들 가운데 자유시장 자본주의를 옹호하는 글을
쓴 저자의 책을 단 한 권이라도 제대로 읽은 비판자를 찾을 수 없었다
는 사실이다.

앵글로색슨계 근대 지식인 중에 가장 자주 언급되는 저술가인 로
버트 노직(R. Nozick)에 대한 비판을 보면, 오직 그가 쓴 책의 단 한 장
(章)만을 읽고서 거론하고 있다. 그것도 노직이 자유시장적 자본주의
에 대한 비판을 검증하고자 시도한 가상 실험(thought experiment)에 관
한 부분이다. 대부분의 사회주의자들은 글의 한 부분을 읽는 것으로
충분한 것으로 간주하고, 노직에 대해 논박한다.[24] 그런 논박 이후에
도, 자유시장적 자본주의를 계속 비난할 필요가 있다고 생각하면, 정
확한 인용도 없이 밀튼 프리드만이나 아인 랜드, 혹은 하이예크와 아
담 스미스의 저작 중에서 부분적으로 잘못 서술된 부분이나 애매한
내용을 가져와서 비난을 계속한다.

---

24) 특히 이것은 학자들에게서 나타나는 태도인데, 코헨(G. A. Cohen)은 노직의
   사상에 반박하다가 실패한 가장 애석한 인물이다. 코헨의 논문과 그가 왜 실
   패했는지를 보여주는 자료는 "G. A. Cohen on Self-Ownership, Property, and
   Equality," in *Realizing Freedom*, pp. 139-54.에서 확인할 수 있다.

최근 가장 적절한 예가 바로 하버드대 마이클 샌들(M. Sandel) 교수
가 『정의: 정당한 것은 무엇인가?』에서 자유시장적 자본주의와 관련
된 사례를 비판한 내용이다. 샌들 교수는 노직 외에도 프리드만과 하
이예크를 인용하고 있지만 그들의 책을 읽지 않았음이 분명하다. 샌
들은 프리드만이 "'은퇴 이후를 대비하여 저축하지 않으려는 사람에
게 의무적으로 저축하게 만들기 위해 강제력을 사용할 수 있는가'"[25]
라는 문제를 제기했다면서 강제력을 사용하는 것은 부당하다는 취지
로 말한 것처럼 왜곡된 서술을 하였다. 샌들은 프리드만이 그 다음 문
단에서 지적한 '강제력이 행사되어야 하는 이유'[26]에 관한 설명 부분
에는 전혀 관심을 갖지 않은 것이다. 그러면서도 "프리드만은 강제력
의 사용여부가 상황에 따라 달라질 수 있는 것"[27]이라면서 마치 연금
저축도 임의대로 자유에 맡겨야 한다고 주장한 것으로 잘못 이해하고
비판했다."

그러나 분명한 것은, 프리드만은 결코 권리범주에 대한 분류를 서
술했던 것이 아니다. 프리드만이 말하고자 했던 것은 '원하지 않는 것

---

25) Michael Sandel, *Justice: What's the Right Thing to Do?* (New York: Farrar,
Straus, and Giroux, 2009), p. 61.에서 인용.

26) Milton Friedman, *Capitalism and Freedom* (Chicago: University of Chicago
Press, 1962), p. 188: "연금 가입을 강제하는 것이 자유주의 원칙이 되는 것은
자신들의 행동 결과로 고통받을 것이라는 점이 아니라, 다른 사람에게 그 비
용을 부담지우게 될 것이라는 점 때문이다. 극심한 가난에 고통받는 고령인구
를 보고만 있을 수는 없을 것이다. 사적이든 공적이든 구호를 해줘야 할 것이
다. 따라서 노년을 준비하지 않는 사람은 공적인 부담이 될 것이다. 연금을 강
제로 사도록 하는 것은 그 자신이 아니라 우리 나머지를 위한 선행이란 점에
서 정당화되는 것이다."

27) Milton Friedman, *Capitalism and Freedom* (Chicago: University of Chicago
Press, 1962), p. 188.

을 하지 않아도 되는' 인간의 자유권이었다. "자유 추정(presumption of liberty)"[28]이라는 고전적 원칙을 거론한 내용이었지만, 샌달은 전혀 다른 맥락에서 프리드만의 서술을 꺼내들고 왜곡했던 것이다.

다른 곳에서도 샌들교수는 "오스트리아 출신 경제철학자 하이예크 (1899-1992)가 『자유헌장』(The constitution of Liberty)(1960)에서 더 확고한 경제적 평등을 만들겠다는 어떠한 시도도 강제적인 것일 뿐만 아니라 자유사회를 파괴적으로 만드는 것이다"라고 왜곡하여 해석했다. 그러나 하이예크는 그런 주장을 한 적이 없었다. 하이예크는 소득 수준에 따라 조세부담률이 더 올라가는 "누진적 소득세"는 법치주의와 양립하지 않는다고 했던 것이다. 왜냐하면 하이예크는 "비례 원칙과 달리, 누진적 소득세는 각자가 부담해야 할 상대적 규모가 확정되어 있어야 한다는 원칙에 어긋나기 때문이다"[29]라는 것을 지적했던 것이다. 마찬가지로 특별보조금과 부자들을 위한 특혜를 폐지하는 것과 같은 방식으로 경제적 평등을 만들기 위한 시도는 결코 강제적인 것이라고 볼 수 없다고 했던 것이다. 샌들 교수의 사실과 다른 주장을 보면 그가 하이예크의 책을 참조하는 노력을 하지 않았다는 것을 알 수 있다. 다른 예로 핀(pin)이 제조되는 방식과 관련된 아담 스미스(A. Smith)의 『국부론』의 내용도 샌들 교수가 정확하게 이해하고 있는지조차 의심하게 만든다.

---

28) 이에 대한 설명은 Anthony de Jasay, "Liberalism, Loose or Strict,"*Independent Review*, v. IX, n. 3, Winter 2005, pp. 427-432.를 참조할 것.

29) F. A. Hayek, *The Constitution of Liberty* (Chicago: University of Chicago Press, 1960), p. 313.

사회에 대한 책임감을 가진 사람들은 보다 더 현명해야 한다. 이 책의 독자인 여러분이 더 잘 해야 한다는 것을 강조하고 싶다. 자유시장적 자본주의에 대한 최고의 비판서를 읽어보기를 권한다. 마르크스, 좀바르트, 존 롤스 그리고 마이클 샌들을 읽고서 그들을 이해하기를 권한다. 그들에게 설득당할까봐 주저해서는 안 된다. 그들의 논리에 대해 깊이 생각해 보아야 한다. 자유시장적 자본주의를 적대시하는 사람들이 읽은 것보다도 훨씬 더 많이 자유시장에 반대하는 논거들도 읽어야 한다. 자유시장에 대해 반대하는 논리를 그들보다 더 잘 이해할 때, 그들보다 자유시장을 반대하는 논리를 더 잘 설명할 수 있다. 여기에 제공된 논리는 그런 논쟁의 반대 측면에 해당하는 자유시장의 본질에 대한 논리이다. 과연 이런 논리가 있었는지조차 잘 알지 못했던 그런 측면의 논리라고 보면 된다.

그러면 이제 본문으로 들어가서 새로운 사고를 맞이할 기회를 갖기 바란다. 이 책이 제시하는 글의 논리와 치열하게 대결해 보기를 바라며, 각각의 논리에 대해 생각해 보고 마음을 결정하기 바란다.

탐 G. 팔머

워싱턴 D.C.에서

제 1 부
기업가적 자본주의의 미덕
(The Virtues of Entrepreneurial Capitalism)

시장 비판론자들은 자본주의가 이기심을 부추기고 이기심에만 반응한다고 비판한다. 실제로 모든 인간은 어떤 정치시스템에서도 자기중심적으로 행동한다. 그러나 모든 사람이 추구하는 자기중심적 이익을 상호간의 혜택으로 전환시켜 주는 연결구조를 만드는 것이 바로 시장(market)이다. 자유시장적 방식을 통해 사람은 다른 사람이 무엇을 원하는지를 파악할 수 있고, 그가 원하는 바를 실현시켜 나감에 따라 비로소 자기 자신의 목적을 성취하도록 만든다.

고기 잡는 그물을 만들거나 통행을 편하게 하는 도로를 만드는 것도 다 마찬가지 원리이다. 남이 원하는 것을 해주면서 자기 이익을 취하는 방식이다. 복잡화된 경제에서 다른 사람이 원하거나 요구하는 것을 만족시켜 줄 재화와 용역을 제공하는 방식에 의해서만 자기 자신의 이익을 취할 수 있게 된 것이다. 노동자이건 사업가이건 간에 다른 사람이 원하는 것을 만족시켜 줄 수 있을 때 비로소 그들의 만족 수준에 따라서 보상을 받게 된다.

1. 자유와 존엄을 만든 근대세계
(Liberty and Dignity Explain the Modern World)

데이드레 N. 맥클로스키

수 세대에 걸쳐 역사학자들은 자본주의를 물질적 측면에서 해석하고자 했다. 그러나 경제사학자이자 비평가인 맥클로스키는 근대 자본주의의 성장은 물론이고 자본주의가 만들어낸 근대 세계는 "물질 요소"라는 기준으로는 제대로 설명될 수 없다고 하였다. 근대 자본주의는 핍박받던 여성들과 성적 소수자, 이종교인들을 해방시켰고, 이전에 고통 속에서 야만적이며 짓밟힌 삶을 살던 대중을 해방시켰다. 그 모든 것은 사업, 거래, 혁신 및 이윤에 대한 인간의 사고에 혁신적 변화가 일어나면서 가능해진 것이다. 각종 발명이 있었고, 근대 농업이 상업화되었고, 의료와 전기는 물론이고 다양한 근대 자본주의적 삶의 모습이 창출되면서 모든 것은 변하기 시작했던 것이다.

D. 맥클로스키 교수는 시카고에 있는 일리노이대에서 경제, 역

사, 영어와 커뮤니케이션을 담당해 왔다. 그녀는 경제학, 경제사, 통계학, 수사학 및 문학과 회고록 등 13권의 저서를 저술할 만큼 다방면에 걸친 재능을 갖추고 있다. 그녀는 경제사 관련 잡지의 공동 편집자이면서 다양한 학술 저널에 광범위하게 논문을 발표해 왔다. 가장 최근 발간한 한 그녀의 책은『부르주아의 존엄성: 경제학은 왜 근대세계를 설명할 수 없는가?』이다.

시장(market)과 혁신(innovation)을 얼마나 중요하게 보느냐에 대한 인식의 변화가 산업혁명을 불러왔다. 그러한 인식의 변화는 연이어 근대세계를 만들었다. 과거의 전통적 지식은 무역과 혁신에 관한 인식과 태도에 커다란 비중을 두지 않았다. 자유스런 사고조차 용납하지 않았다. 구시대적 물질주의적 사고를 하는 사람들은 산업혁명이 물질적 동기에 의해 발생한 것이라고 본다. 그런 식의 사고를 하기 때문에 투기와 남의 것을 빼앗는 방법으로 번영이 가능했다고 보거나, 제국주의 방식과 남보다 더 가혹한 이자를 받아내는 방식을 통해 부의 축적이 가능했다고 주장한다.

여러분들도 비슷한 얘기를 수없이 들었을 것이다. "유럽은 그들이 식민지를 가졌기 때문에 부를 누리게 된 것이다"라거나 혹은 "미국은 노예제를 통해 번영된 나라다.""중국은 무역을 하게 되면서 부유해지고 있다"란 표현들이 그런 것들이다.

그러나 산업혁명(industrial revolution)은 사람들이 생각하는 방식의 변화 때문에 시작된 것이다. 특히 상대방을 어떻게 생각하느냐에 의해 가능할 수 있었다는 사실을 명확히 인정해야 한다. 증기기관과 컴퓨터는 결코 벽돌 위에 벽돌 하나를 더 쌓는 방식으로 만들어진 것이 아니다. 노예와 같은 아프리카인의 죽음 위에 또 한 명을 더 희생시키는 방식으로 생겨난 것이 결코 아니다. 산업혁명이란 거대한 변화는 새로운 혁신자들(innovators)에게 새로운 가치가 부여되면서 시작된 것이란 것을 상상해 보면 쉽게 알 수 있다.

경제학자와 역사학자는 남의 것을 도둑질해 쌓아두거나 자본을 집적시키는 방식으로는 산업혁명이 촉발될 수 없었다는 것을 명확히 인식하고 있다. 산업혁명은 서구 사람들이 상업과 혁신에 대한 사고에 있어서 거대한 인식 전환이 있었기에 가능했던 것이다. "창조적 파괴"처럼 사람들이 전통적 사고를 탈피하고, 근본적으로 새로운 사고를 하기 시작함으로써 가능해졌다. 그것은 마치 음악에서 나타나는 변화와 같다. 새로운 밴드그룹이 록(Rock) 뮤직에서 새로운 사고를 하기 시작하고, 다른 수많은 사람들이 자연스레 그 음악을 즐기면서 전통음악을 대체했던 것과 마찬가지다. 전통음악이 사람들에게 선호되지 못한다면 새로운 창조물이 그것을 대체하는 것이다. 굳이 슘페터식 표현을 쓴다면 "파괴되는" 것이다. 마찬가지 방식으로 전구는 기름 램프(kerosene)를 "파괴"하였고, 컴퓨터는 타자기를 "파괴"한 것이라 할 수 있다.

역사를 정확히 기술하면 다음과 같다: 1600년대 네덜란드인이나 1700년대 영국인들이 혁신적인 사고를 하기 전까지 우리는 분명히 다음 두 가지 길을 매우 명예로운 것으로 존중했을 것이다. 그 하나는 봉건적 성(城)을 지키는 기사(knight)가 되는 것이고, 다른 하나는 교회를 지키는 사제(priest)가 되는 것이었다. 일반인의 삶을 개선하기 위해 더 좋은 물건을 사고파는 일에 종사하는 사람이나 새로운 혁신을 만들어내는 일에 종사하는 사람은 사악하고 남을 속이는 일이라며 멸시를 받았다. 실제로 1200년대 감옥을 담당하는 간수는 자비를 베풀어 달라는 부자의 청탁을 다음과 같이 비아냥거리며 거부했다: "어이! 고귀하신 갑부님, 당신은 그동안 남다르게 풍족한 생활을 누렸잖아! 그런데 어떻게 당신이 죄를 짓지 않고 살 수 있었겠어?"

1800년대 세계 어느 곳에서나 각 개인이 하루에 벌 수 있는 평균소득은 현재 가치로 1달러에서 5달러 정도였다. 하루 평균 3달러라고 생각하면 된다. 그렇다면 우리는 리우데자네이로나 아테네 혹은 요하네스버그 같은 곳에서 하루에 3달러로 살아가야만 하는 삶을 상상해보면 알 수 있다. 물론 지금도 그런 수준에서 사는 사람들도 많지만 하루 3달러로 살아야 한다는 것은 대다수 일반인들이 단지 스타벅스 커피점의 카푸치노 한 잔 값도 안 되는 돈으로 살아야 했다는 것을 말한다. 생각만 해도 끔찍한 수준이다.

그러나 네덜란드와 영국에서부터 커다란 변화가 생겨났다. 1517년부터 1789년에 걸쳐 유럽에 펼쳐진 혁명과 혁신은 종교 사제와 귀족 사회의 영역 밖의 평범한 일반사람들에게 전혀 새로운 길을 열어주었다. 유럽을 넘어 다른 지역에서까지 점차 공무원이나 종교인이 아닌 프랭클린과 카네기 그리고 빌 게이츠와 같은 기업가를 동경하기 시작했던 것이다. 사업을 하는 중산층을 선(善)한 직업 활동으로 인식하기 시작했다. 드디어 평범한 중산층들도 선을 행할 수 있는 자격이 허락된 것이다. 실제로 그들은 훨씬 더 잘해 나갔다. 그 결과 영국이나 스웨덴 혹은 홍콩과 같이 현재 풍요로운 지역으로 평가받는 곳에서는 일반인도 중산층이 될 수 있다는 확신을 갖기 시작했다. 과거와는 다른 다음과 같은 인식의 변화가 있었기 때문이다: "나도 혁신을 해야겠다. 혁신을 만들어 짧은 시간에 많은 돈을 벌겠다. 그래서 나아가 당신들까지도 그 혜택을 누리게 하겠다."

그런 인식의 변화가 새로운 결과를 만들어 냈다. 1700년대 프랭클린의 피뢰침과 제임스 와트의 증기기관을 필두로, 1800년대에는 혁신의 폭발이 있었다. 2000년대에도 보다 많은 변화가 여전히 계속되고 있다. 중국과 이슬람 지역에 비해 몇 세기나 뒤쳐졌던 서유럽에서 놀라운 혁신들이 펼쳐지기 시작했다.

인류 역사에 처음으로 일반 중산층에게도 존엄과 자유가 제공되었다. 지금 우리가 누리고 있는 것들이 그것이다: 증기기관, 자동 방적기, 대량생산 조립라인, 심포니 오케스트라, 기차, 근대적 주식회사, 노예제 폐지, 자동 인쇄기, 값싼 종이, 폭넓은 문자 해독력, 값싼 철, 값싼 판유리, 근대적 대학, 근대 신문, 깨끗한 물, 강화 콘크리트, 여성 해방, 전구, 엘리베이터, 자동차, 석유, 옐로스톤에서의 휴가, 플라스틱, 연간 5십만 권의 영문 신간서적, 대량 생산되는 옥수수, 페니실린, 비행기, 도시의 깨끗한 공기, 시민권, 심장 수술, 그리고 컴퓨터 등이 그것이다.

그 결과 평범했던 사람들도 풍요로움을 즐기게 되었다. 특히 가난했던 사람들도 말할 수 없는 수준의 풍요로운 혜택을 즐길 수 있게 되었다. 중산층이 누리는 생활상을 보면 그것이 얼마나 커다란 삶의 변화인지를 알 수 있다. 미국에서 가장 가난한 하위 5%에 해당하는 사람들조차도 에어컨과 자동차를 사용하며 생활하고 있는데, 그것은 인도에서 최상위 5%의 생활수준과 같은 것이다.

지금 우리는 비슷한 형식의 거대한 변화가 전 세계의 인구 40%를 점하는 중국과 인도에서도 펼쳐지고 있는 것을 목격하고 있다. 현재 시대를 규정짓는 거대한 경제변화란 부분적인 불황과 침체가 아니라 1978년 이후 중국과, 1991년 이후 인도의 경제 사회 영역에서 새로운 자유 이념이 채택되고, 창조적 파괴를 기꺼이 받아들이는 사회로 전환되었다는 엄연한 사실이다. 중국과 인도의 각 개인이 누릴 수 있는 상품과 서비스는 세대가 바뀔 때마다 4배씩 확대되고 있다.

자본주의 시대가 열리면서 비로소 대다수 중산층에게 자유와 존엄이 주어졌다. 2백 년 전에는 각 개인들이 하루 3달러의 가치를 생산하고 소비하는 데 그쳤지만, 현재는 광범위한 지역에서 하루 100달러 이상의 가치를 생산하고 소비한다. 물론 거기에는 전구를 사용하거나 항생제를 사용하는 것과 같은 삶의 질 차원의 개선 사항은 고려되지도 않은 것이다. 일본, 노르웨이 그리고 이탈리아의 젊은 세대는 보수적으로 비교하더라도 물질적 여건에서 5대 이전의 선조가 누렸던 것보다 약 30배에 달하는 풍요한 삶을 살고 있다고 평가된다. 더 높은 수준의 민주주의, 여성 해방, 평균 수명의 급격한 향상, 더 많은 교육과 정신적 성장은 물론이고 예술 문화의 폭발과 같은 거대한 비약이 근대 세계에서 펼쳐졌다. 음식과 교육, 그리고 여행에서는 무려 29배나 증가되는 놀라운 변화였다. 근대 역사에서 이뤄진 '위대한 사실(Great Fact)'로 기록될 것이다.

근대에 진행된 위대한 사실은 너무도 거대하고 전례가 없는 것이다. 그렇기에 무역이나 착취, 혹은 투자나 제국주의 방식과 같이 경제학자들의 '상투적'인 표현으로는 명확히 설명되지 않는다. 왜냐하면, 그런 상투적인 해석으로는 결코 설명되지 않기 때문이다. 중국과 오스만 제국, 로마와 남아시아에서도 대규모 무역이 있었지만 지속적인 거대한 변화로 나아가지는 못했다.

마찬가지로 노예제는 수많은 나라에서 있었고, 특히 중동지역에서는 매우 일반적인 것이었지만, 혁신과 번영으로 나아가지 못했다. 인도에서 무역은 매우 대규모로 진행되었고, 운하에 대한 중국에서의 투자나 도로에 대한 로마의 투자도 대대적인 것이었지만, 위대한 변화를 이끌어 내지 못했다. 따라서 근대 자본주의에서 일어난 위대한 변화를 일상적인 경제적 분류 방식으로, 즉 상투적 방식으로 설명하려고 하는 것은 매우 잘못된 것이다.

다시 말해, 좌파적 역사유물론이든 우파적 경제학이든 간에, 근대세계를 경제적 물질주의에 입각하여 상투적으로 설명하려고 하는 것은 세계의 변화를 제대로 보지 못한 것이다. 인간의 자유와 존엄성을 바라보는 사고의 변화가 바로 기적을 만든 것이다. 경제사학자 조엘 모큐(Mokyr)는 이를 다음과 같이 표현했다. "대부분의 경제학자의 설명과 달리, 어느 시대에서나 경제 변화는 사람들이 실제 어떤 사고체계를 갖느냐에 따라 크게 좌우된다." 거대한 물질적 번영은 변화를 만드는 원인이 아니라 어떻게 생각하느냐가 만들어낸 결과일 뿐이다. 풍요한 삶과 근대적 자유란 바로 어떤 식으로 생각하는가 하는 사고방식의 변화 결과로 나타난 것이다. 달리 표현하면, 물질에 의해 만들어진 것이 아니라 "인식구조(rhetoric)"가 창출해 낸 결과이다.

2. 자본주의적 경쟁과 협력
(Competition and Cooperation)

데이비드 보아즈(David Boaz)

씽크 탱크의 운영자이자 저명 인사인 D. 보아즈(Boaz)는 다음 글에서 자본주의에서 진행되는 경쟁과 협력간의 상호관계를 보여준다. 모든 사회는 고유한 원리에 따라 조직되어 있지만, 각 사회는 경쟁과 협력을 인식하고 받아들이는 태도에 커다란 차이가 있다. 보아즈는 흔히 알려진 것과는 정반대로 자본주의 경제 질서에서 사람들은 오히려 다른 사람과 협력하기 위해 경쟁을 벌인다는 것을 보여주고 있다.

보아즈는 케이토연구소(Cato Institute) 부소장이며 시민단체인 '자유를 지향하는 학생들'의 자문역이다. 『자유주의』(Libertarianism: A Primer)의 저자이고, 『자유주의 읽기』(The Libertatiran Reader: 노자(老子)에서 밀튼 프리드만까지 고전 및 현대 저작물)를 포함한 다른 15권의 편집자이기도 하다. 그는 뉴욕타임지, 월스트리트저널, 그리고 워싱턴 포스트와 같은 신문에 글을 쓰기도 하고 텔레비전과 라디오, 그리고 블로그 CATO@Liberty에 정기적인 기고 활동을 하면서 잡지 가디언, 오스트레일리안과 브리태니카 인사이클로피디아 등에서 평론가로 활동한다.

시장 시스템의 옹호자들은 일반적으로 경쟁이 만드는 혜택을 강조한다. 계속되는 경쟁 때문에 기업과 사업자는 계속된 시험과 실험, 그리고 변화되는 상황에 맞춰 새롭게 적응하지 않으면 안 된다. 소비자에 대한 서비스에서 끊임없이 최선을 다하게 만드는 것도 바로 경쟁이다. 경험으로나 분석 결과를 보더라도 경쟁 시스템이 중앙계획적 시스템 혹은 독점적 시스템보다 훨씬 더 나은 결과를 만들어낸다는 것을 밝혀준다. 그렇기에 각종 책과 신문 칼럼, 혹은 텔레비전에서 자유시장 옹호자는 경쟁적 시장제도의 중요성을 강조하며, 경쟁을 제한시키는 제도나 규제에 단호히 반대하는 것이다.

그럼에도 불구하고 거의 대부분의 사람들은 실제 경쟁과 관련된 문제에 있어서는 우호적 표현을 듣기가 어렵다. 경쟁에 따른 혜택을 무한대로 누리면서도 경쟁을 부정적인 것으로 본다. 오히려 경쟁과 관련해서는 '적대적'이라거나 '죽여 버린다' 혹은 '서로가 서로를 물어뜯는다'와 같은 부정적 표현을 주로 접하게 된다. 그 결과 사람들은 자연스럽게 경쟁과 같은 적대적 방식보다 협력적 방식을 취하는 것이 더 좋은 것이라고 생각하게 된다.

예를 들어 조지 소로스(J. Soros)와 같은 수십억 달러를 가진 투자가 조차도 〈월간 아틀란틱〉 잡지에 기고한 글에서 "지나친 경쟁과 너무 협소한 협력은 감내할 수 없는 불평등과 불안정을 만들고 있다"고 표현한 바 있다. 이에 대해 소로스는 "말하고자 했던 것은 … 협력이 시스템의 한 부분인 것과 마찬가지로 경쟁도 시스템의 한 부분이며, 그런 측면에서 최적자(最適者) 생존(survival of the fittest)이란 슬로건은 경쟁과 협력이 공존하는 실제 세상의 사실을 왜곡시킨다"는 뜻이었다고 했다.

그러나 자유와 시장경제 옹호자들은 '최적자 생존'이란 표현을 거의 사용하지 않는다. 그것은 생물의 진화과정에서 주어진 환경에 가장 잘 적응하는 특성을 가진 생물만이 살아남는다는 것을 설명하고자 만든 개념에 불과하다. 그것은 시장에서 경쟁력을 갖춘 기업의 생존 문제와 관련해서는 적용할 수 있는 개념인 것만은 분명하다. 그러나 자본주의 시스템에서 가장 잘 적응하는 개인만이 생존하고 그렇지 못한 사람들은 도태된다는 의미로 사용될 수는 없다.

풍요롭게 더 잘 사는 사람들이 생겨나는 것은 분명하지만, 그렇다고 최적자를 제외하면 모두가 도태되고 삶의 수준이 더욱 악화되는 것은 결코 아니기 때문이다. 따라서 경제적인 경쟁상황을 설명하기 위해 '최적자 생존'이란 개념을 사용하는 사람은 분명히 시장경제의 옹호자가 아니라 시장경제를 부정하는 사람이다.

"인간은 협력하는 존재가 아니라 경쟁하는 존재"라고 말하는 사람들은 시장이 얼마나 협력적인 시스템인가를 정확하게 인식하지 못하기 때문인 것이 분명하다. 다음의 글에서는 실제로 인간이 서로 협력하기 위해 경쟁을 벌인다는 것을 보여주고자 한다.

개인주의와 공동체
(Individualism and Community)

고전적 자유주의를 반대하는 사람들은 자유주의자들이 '원자적' 개인주의를 선호한다고 비난한다.

물론 '원자적' 개인주의에서의 개인이란 자신을 분리된 섬과 같은 존재로 보며, 다른 사람의 요구와 필요에 대해서는 관심을 갖지 않고 오직 자기 이익만 추구하는 존재로 본다. E. 디온(Dionne. Jr)은 〈워싱턴 포스트〉 칼럼에서 자유주의자는 "개인은 태어나는 순간부터 자기 행동에 책임을 지는 완전한 성인으로 세상에 등장한 것"처럼 믿고 있다고 말했다. 마찬가지로 칼럼니스트 T. 클라우트햄머도 찰스 머레이의 『자유주의자란 무엇을 의미하는가?』란 책에 대해 평론하면서, 자유주의자의 비전이란 "끝이 날카로운 철조망 담으로 둘러싸인 산꼭대기 산장에 살면서, 누구도 들어오지 말라는 표지를 밖에 내건 철저한 개인주의자들 간의 경쟁"을 의미한다고 말했다. 나는 그가 왜 거기에다 "이빨로 무장하고"라는 표현을 덧붙이지 않았는지 의문이다.

그러나 교수나 전문가들이 비난하기 좋아하는 '원자적 개인주의'라는 것을 실제 믿는 사람은 아무도 없다. 우리가 함께 살며 그룹을 지어 일한다는 것은 엄연한 현실이다. 현대의 복합적 사회에서 어떻게 각 개인이 원자적 개인으로 살아갈 수 있겠는가? 원자적 개인이란 자신이 키운 것만 먹고, 자신이 만든 것만 입으며, 자신이 지은 집에서

살아가는 개인을 의미한다. 자연 식물에서 추출한 약재만을 사용한다
는 것은 실제로 가능하지도 않다. 그것은 유나버머(Unabomber)[30]나 『균
형 잡힌 지구』(Earth in the Balance)라는 책에서 서술했던 것을 실제로
지지하는 경우의 앨 고어(Al Gore)처럼 '자연으로 돌아가자'는 것을 옹
호하는 사람만이 그런 삶에 동의할 것이다.

그러나 어떤 자유주의자도 사막과 같은 섬에서 사는 것을 원하지
않는다. 마찬가지로 아담 스미스(A. Smith)가 지적했던 사회적 상호관
계를 통한 복합적인 생산적 사회가 만든 '위대한 사회'의 혜택을 거부
할 사람은 없다. 그렇기 때문에 만약 지각 있는 언론인이라면 잠시 자
신이 쓴 글을 곰곰이 살펴보고, 스스로 "내 의견은 분명 잘못 표현되
었다. 자유주의자들이 쓴 내용을 좀 더 객관적으로 다시 읽어 봐야겠
다"고 했어야 하는 것이 올바른 자세이다.

'고립주의' 혹은 '원자주의'라는 허상을 만들어놓고 자유주의를 비
난하는 것은 시장 과정을 중시하는 사람을 크게 왜곡하는 것이다. 조
지 소로스(J. Soros)가 "협력이란 시스템의 한 부분인 것처럼, 경쟁도 시
스템의 한 부분이다"라고 표현했던 것에 우리 모두는 가감 없이 동의
해야 한다. 협력이란 인류의 번영에 너무도 중요한 것이어서 그것에
대해선 따로 언급할 필요조차 없다. 우리는 그것을 가능하게 하는 사
회제도를 만들어내기를 원할 뿐이다. 그렇기 때문에 소유권 보장과 제

---

30) 미국의 수학자이자 테러리스트였던 시어도어 카친스키(Theodore John Ka-
czynski)의 별칭이다. 기술의 진보가 인간을 망치는 주범이라면서, 다양한 사
람들에게 편지 폭탄을 보내서 3명을 살해하고 29명에게 부상을 입혔다. 유나
버머는 자신이 발신인으로 썼던 'University and Airline Bomber'에서 유래된
별칭이다.

한된 정부, 그리고 법치주의(法治主義)라는 것이 중요하다고 말하는 것이다.

 자유사회에서 각 개인은 누구도 침해할 수 없는 자연적 권리를 누리면서, 또한 다른 개인의 권리를 존중해야 할 당연한 의무를 준수하면서 살게 된다. 그것 이외의 다른 의무는 오직 계약에 의거해 우리가 선택한 것일 뿐이다. 생명권, 자유권 및 재산권이 보장된 사회만이 사회적 평화와 물질적 풍요를 만들어 낸다는 것은 결코 우연이 아니다. 존 로크(Locke)와 데이비드 흄(Hume), 그리고 다른 고전적 자유주의 철학자들이 밝힌 바와 같이, 우리는 사회적 협력을 만들어내는 권리체계를 필요로 하며, 그런 권리체계 없이는 사람이 얻을 수 있는 것은 아무 것도 없다. 데이비드 흄은 『인간 본성론』(Treatise of Human Nature)에서 인간이 극복해야 할 과제란 (1) 본인 중심적인 이해, (2) 다른 사람에 대한 관용 부족, (3) 욕구 실현에 동원되어야 할 자원 부족 등이라고 했었다. 이와 같이 극복해 나가야 할 상황에 놓여있는 것이 인간이기에 다른 사람과 협력하지 않으면 안 된다.
 특히 재산 보호와 물건 교환과 관련하여 그것을 어떻게 할 것인지를 규정하는 법적 규칙은 필수적이다. 법적 규칙이 있음으로 해서 결정할 권리는 누가 갖고 있는가와 특정된 재산을 어떻게 사용할 수 있는가가 규정된다. 만약 체계적으로 마련된 재산권 규정이 존재하지 않는다면 모든 사안마다 우리는 끊임없는 혼란과 충돌에 직면하게 될 것이다. 따라서 복합적 사회에서 협력을 통해 우리가 원하는 목적을 달성할 수 있게 하는 것은 바로 재산권에 대한 상호 합의가 있기 때문에 가능하다.

재산권에 기반한 개별 이익을 명확히 하지 않고, 개인간의 권리도 구분짓지 않고, 단지 사랑만으로 그 모든 업무가 처리될 수 있게 된다면 그것보다 좋을 것은 없다. 그러나 그건 가능하지 않은 일이다. 자유주의에 대한 반대자들은 대개 보편적 시혜로 이루어지는 사회상을 그려놓고 그런 사회가 도래하기를 호소하고 있다.

아담 스미스는 "문명화된 사회에서 〈인간〉은 거의 모든 차원에서 언제나 상호협력과 도움을 필요로 한다"라고 밝혔다. 긴 인생에서 제한된 사람들하고만 친구 관계를 유지하는 방식으로는 살 수 없다. 만약 우리가 타인이 베푸는 선의의 혜택에만 의존하여 생산하게 된다면 우리는 결코 복합적인 업무를 실현해 낼 수 없다. 작은 마을 공동체와는 차원을 달리하는 고도로 복합화된 사회에서 다른 사람이 추구하는 그들의 이익을 이해하고 그것을 존중하는 것이야말로 사회생활을 가능하게 만드는 유일한 길이다. 그런 상호협력이 가능하기 위해서는 명확히 규정된 재산권과 자유거래라는 시스템이 필수적인 것이다.

시민 사회
(Civil Society)

인간은 상호 교류해야 한다. 먹을 것을 생산하든, 상품을 교환하든, 혹은 신기술을 발전시키든 간에 필요한 목적을 달성하기 위해서는 다른 사람들과의 교류가 필수적이다. 그 외에도 사랑, 우정, 상호 연대감과 공동체 의식과 같은 인간적 욕구까지도 강하게 느끼고 싶어 하는 것이 우리들이다. 따라서 우리는 다른 사람들과 단체(associations)를 만들고 시민사회(civil society)를 구성한다.

다른 사람들과 만드는 단체는 상상할 수 없을 만큼 다양한 형태를 취한다. 가족, 교회, 학교, 클럽, 공제조합, 주택조합, 이웃 간의 모임, 그리고 합명회사(partnership) 또는 주식회사와 같은 다양한 상업조직 등이 그것이다. 인간은 이런 단체들을 통해서 다양한 방법으로 필요로 하는 것을 충족시킨다. 그런 의미에서 시민사회란 포괄적으로 사회 내의 모든 자연적이면서도 자발적인 단체라고 규정될 수 있다.

어떤 평론가는 영리 조직과 비영리 조직을 구분해서 사업하는 (business) 행위는 시장영역이지 시민사회의 영역이 아니라고 주장한다. 그러나 단체를 구분할 수 있는 명확한 기준이 되어야 하는 것은 그것이 국가(state)처럼 강제적인 것을 요구하느냐, 아니면 그 외 다른 단체처럼 자연적이고 자발적인 것이냐가 되어야 한다. 특정한 단체가 이익을 만들어내기 위해 설립되었는지 아니면 다른 목적을 위해 설립되었는지가 중요한 것은 아니다. 더 중요한 기준은 우리가 자발적 선택으로 그 단체에 참여하느냐 아니냐 하는 것이다.

하이예크(Hayek)가 시민사회 내의 모든 단체는 특정한 목적을 성취하기 위해 만들어진 것이지만, 그렇다고 한 가지 목적만 갖는 것은 아니라고 강조했던 것에 주목해야 한다. 그런 측면에서 시민사회(civil society)란 목적을 달성하기 위한 단체들로 구성된 것이지만 그것은 사전에 계획된 것이거나 강제적인 것이 아니라 자발적 선택으로 만들어진 결과인 것이다. 그것이 바로 정부와 시민사회의 차이이다.

협력으로 이루어지는 시장
(The Market as Cooperation)

시민사회에서 시장(market)은 가장 핵심적 요소이다. 시장은 두 가지 근거에 따라 생겨난 것이다. 첫째는 인간이 개별적으로 수행하는 것보다 다른 사람과 협력함으로써 더 많은 것을 성취할 수 있기 때문이다. 둘째는 우리가 그런 사실을 너무도 잘 인식하고 있기 때문이다. 만약 고립되어 일을 수행하는 것보다 협력하는 것이 덜 생산적이라는 것을 알게 되거나, 협력으로 가능해진 혜택을 제대로 이해하지 못한다면 우리는 당연히 고립된 원자적 상태로 머물 것이다.

미제스(Mises)는 그런 상황을 다음과 같이 설명하였다. 고립적 인간으로 이루어진 사회가 문제가 되는 것은 그런 사회에서는 "다른 사람을 협력의 대상이 아닌 적으로 보게 만들고, 자기 욕구를 충족시키기 위한 행동들은 다른 이웃들과 갈등관계를 불러일으키게 만들 것이다." 만약 협력과 분업을 통해 상호 혜택을 취할 수 있는 가능성이 없다면 동정이나 우애감이란 생겨나지 않을 것이고 자연스러운 시장질서도 형성되지 않았을 것이다.

시장(market) 시스템을 통하여 개인과 회사는 더 잘 협력하기 위해 경쟁한다. 제너럴 모터스(GM)와 토요다(Toyota)는 특정 장소로 이동할 목적으로 교통 수단을 찾는 나와 협력하겠다고 서로 경쟁한다. 마찬가지로 통신업체인 AT&T와 MCI는 다른 사람과 소통하려는 목적을 가진 내 요구를 실현시켜 주기 위해 나와 협력하겠다는 경쟁을 한다. 실제로 각종 회사들은 내가 원하는 것을 이루어주기 위해 지나치게 적극적으로 경쟁하려고 하기 때문에 나는 오히려 자동응답 기능까지 갖춤으로써 평온함까지 함께 제공해 주는 또 다른 통신회사와 협력하기도 한다.

시장 비판론자들은 자본주의가 이기심을 부추기고 이기심에만 반응한다고 비판한다. 실제로 모든 인간은 어떤 정치시스템에서도 자기중심적으로 행동한다. 그러나 모든 사람들의 자기중심적 이익 추구를 서로를 위한 혜택으로 전환시켜 주는 연결구조를 만드는 것이 바로 시장이다. 자유시장적 방식을 통해 사람은 다른 사람이 무엇을 원하는지를 파악할 수 있고, 그가 원하는 바를 실현시켜 주는 방식을 통해 비로소 자기 자신의 목적을 성취하게 된다.

고기 잡는 그물을 만들거나 통행을 편하게 하는 도로를 만드는 것도 다 마찬가지 원리이다. 남이 원하는 것을 해주면서 자기 이익을 취하는 방식이다. 복잡화된 경제에서는 다른 사람이 원하고 요구하는 것을 만족시켜 줄 재화와 용역을 제공하는 방식에 의해서만 자기 자신의 이익을 취할 수 있게 되었던 것이다. 노동자이건 사업가이건 간에 다른 사람이 원하는 것을 만족시켜 줄 수 있을 때 비로소 그들의 만족 수준에 따라서 보상을 받게 된다. 마찬가지로 적절하게 보상받고 있지 못하다고 생각하는 사람은 더 성공적인 경쟁자를 모방해야 하거나, 아니면 새로운 접근방식을 시도하지 않으면 안되는 것이다.

시장에 나타난 다양한 경제조직들은 모두가 목적을 달성하기 위해 더 나은 상호간 협력방법을 찾는 실험체(experiments)라고 할 수 있다. 재산권 확립과 법치주의, 그리고 최소 정부는 모두 사람들이 새로운 협력방식을 실험할 수 있도록 최대한의 여건을 부여해 준다. '주식회사 제도'의 발전은 개인이나 합명회사(合名會社)를 통해 수행할 수 있는 것보다 훨씬 더 큰 경제 과제를 수행할 수 있게 만든다. 공동주택조합, 상호저축, 보험회사와 은행, 노동자 조합과 그 외의 다른 것들도 새로운 형식의 협력조직을 통해 경제문제를 해결하기 위해 시도하는 것에 해당된다.

다양한 조직형태들 중의 일부는 시장에서 다른 사람의 요구를 실현시키는 데 불충분한 것으로 판명되면서 사라지게 된다. 예를 들어 1960년대의 많은 거대 대기업들조차 더 이상 시장에서 선택받지 못한다는 것이 입증되면 주주들은 결국 투자한 것을 잃어버리게 된다. 시장 과정을 통한 신속한 피드백(feedback) 방식에 따라 성공적 조직은 모방되고 선택받지 못한 실패한 조직은 사라지게 된다.

결론적으로 경쟁이 자본주의의 한 부분인 것과 마찬가지로 협력도 자본주의를 구성하는 한 부분이다. 경쟁과 협력은 자연스럽게 자본주의 시장시스템의 필수불가결한 요소이다. 실제 우리의 삶을 보면 대부분의 시간을 경쟁하는 데 쓰기보다는 파트너와 직장 동료, 혹은 납품업자나 고객들과 협력하는 과정에 쓰고 있다는 것을 알게 된다.

만약 우리가 혼자서 살아야 한다면 그 삶은 끔찍하고 야만적이며 모든 것이 결핍된 삶이 될 것이다. 다행스럽게도 우리 모두는 결코 그렇지 않은 자본주의 사회에 살고 있다.

3. 이윤추구적 의료와 동정적 동기
(For-Profit Medicine and the Compassion Motive)

탐 팔머(Tom Palmer)

다음의 글은 본 책의 편집자가 통증 치료에서 겪은 경험에 따른 개인적 견해를 담은 것이다. 따라서 일반적 의견 제시도 아니고 사회과학적으로 기여할 목적을 갖는 글도 아니다. 단지 사업을 수행하는 기업활동과 동정심과의 상호관계를 명확하게 구분지어야 한다는 취지로 쓰인 것이다.

"이윤추구의 의료행위는 잘못된 것이고 분명히 부도덕한 것이다." 나는 이런 공격적인 말들을 항상 들어왔다. 실제로 나는 이 글을 쓰는 동안에도 〈캐나다 방송사〉의 전파를 통해 민간병원(private hospitals)을 무차별적으로 공격하는 소리를 듣고 있다. 많은 사람들은 의사와 간호

사 그리고 병원행정직 종사자들이 오직 자신의 수입에만 관심을 갖기 때문에 연민(compassion)은 없고 차가운 이기심만으로 가득 차 있다고 말한다. 그렇지만 나는 고통스럽고 거동할 수 없는 상태에서 영리적 병원과 비영리적 병원이란 두 개의 병원을 방문하는 경험을 하게 되면서 그런 견해와는 전혀 다른 새로운 시각을 갖게 되었다.

최근 나는 상상도 못했던 고통을 수반하는 척추상의 디스크 파열로 고통을 겪었다. 나는 지역에 있는 영리병원의 전문가를 찾아갔다. 그곳의 의사는 한 시간 거리 내의 영리 목적으로 운영되는 방사선 병원에 가서 자기공명영상(MRI)을 촬영해 보라고 권했다. 그리고 그 의사는 통증 원인이 되는 척추로 통하는 신경계통상의 염증을 완화하기 위해 마취주사를 권했다. 너무 고통스러웠기 때문에 거의 움직일 수도 없는 상황이었다.

방문했던 영리목적 병원의 통증치료센터에서 나는 특별할 정도로 매우 친절한 의사와 간호원의 도움을 받았다. 그들은 나를 매우 편안하게 대우해 주었다. 간호사는 내가 절차를 이해했는지를 확인했고, 모든 조치 사항들에 대해 숙지했는지를 확인했다. 그 후에 마취주사를 처방했던 의사는 자신을 소개한 후 모든 과정에 대해 설명하고 내 건강상태에 대해 완벽한 전문성과 명확한 소견을 보이며 제반 절차를 진행해 나갔다.

비록 통증이 여전히 남아 있고 쇠약증상도 있었지만 불과 몇 주일만에 내 상태는 빠른 속도로 개선되었다. 그 병원의 의사는 내게 정상상태로 회복되기 위해서는 또 다른 마취주사가 필요하다고 권고하였다. 그러나 불행하게도 그 영리병원은 3주간이나 모든 예약이 완료된 상태에 있었다. 나는 그렇게 오래 기다릴 수 없어서 근처의 다른 비영리병원에 전화를 해야 했다. 유명하고 좋은 평가를 받고 있던 그 비영리병원은 2주 후에나 치료를 받을 수 있다고 했기에, 나는 할 수 없이 마취주사 예약을 했다.

얼마 후에 내가 비영리병원에 갔을 때, 나는 자원봉사자 복장을 한 은퇴한 분들에게 먼저 내 상황을 설명해야 했다. 물론 다른 비영리 병원과 마찬가지로 그 자원봉사자들은 분명히 남을 돕고자 하는 분들이었다. 당시 나는 지팡이를 짚고 절뚝거리며 통증 치료센터로 가서 등록을 했다. 얼마 후 간호사가 나와서 로비에 있던 나를 불러 확인한 후 다가와 인터뷰를 진행하였다. 당시 내 주위에는 많은 낯선 사람들이 나를 둘러싸고 있었다. 고맙게도 곤란한 질문은 하지 않았다.

그럼에도 불구하고 다른 간호사들은 환자에게 거의 강압적 태도와 명령조로 이래라 저래라 하는 것을 볼 수 있었다. 또 다른 간호사는 분명 고통스런 상태에 있는 것이 뻔해 보이는 어떤 부인에게 다른 의자에 앉아 달라고 말했다. 그런데 그 환자가 현재 앉아 있는 의자가 더 편하다고 말하자마자 간호사는 "거기에 앉으면 안 됩니다!"라고 신경질적으로 말하며 다른 의자를 가리켰다. 그 간호사가 이번에는 나를 향해 다가오자, 나는 결코 훈련받는 학교에 등록한 학생처럼 취급받고 싶지 않다는 표정을 그 간호사에게 보여주어야 했다. 그 간호사는 말도 없이 내게 검사실을 가리켰고 나는 그 검사실로 들어가야 했다.

행정담당 의사가 들어왔을 때에도 자신을 밝히는 그 어떤 소개도 하지 않았다. 기록을 살펴보며 뭔가 중얼거리더니 침상에 가서 앉으라더니 다짜고짜 내 바지를 끌어내리고 셔츠를 올렸다. 앉아 있는 것이 고통스러웠고 누워있는 것이 훨씬 편안했기 때문에 절차가 진행되기 전까지는 누워 있으면 좋겠다고 말했지만, 그는 그냥 앉아 있으라고 말했다. 내가 다시 누웠으면 더 좋겠다고 했지만, 그는 앉은 자세로 있는 것이 자신이 다가서기 편하다고 했다. 그를 위해서나 나를 위해서 나는 그의 말에 따라야만 했다. 영리병원의 의사와는 달리, 주사를 놓는 것도 거칠었고, 약물 주입도 놀랍고 고통스런 방식이어서 나는 고함을 지르고 말았다. 모든 것은 전에 내가 영리병원에서 경험했던 것과는 전혀 딴 판이었다. 그 후 의사는 바늘을 제거하고 기록지에 무언가를 써놓고는 사라졌고, 간호사는 서류 한 장을 내밀며 나가는 문을 가리켰다. 나는 돈을 지불하고 그곳을 떠나야 했다.

이윤과 동정
(Profit and Compassion)

이것은 물론 영리병원과 비영리병원간의 비교를 보여주는 아주 사소한 개인적 경험이다. 그러나 그것은 이윤동기로 일하는 것과 동정심으로 일하는 것과의 관계에 대해 의미 있는 사실을 보여준다. 비영리병원에 계신 나이 많은 자원봉사자들은 분명히 친절하고 동정심을 갖고 있었다. 그래서 그런 봉사자들의 친절함과 동정심을 영리병원에서는 볼 수 없다는 것이 사실이다. 그렇지만 영리병원의 통증센터에서 월급을 받으며 근무하는 의사와 간호사들은 근무 중에 그들의 동정심을 발휘할 인센티브를 가지고 있는 것은 아니다.

만약 내가 추가적으로 치료를 받거나, 다른 사람에게 병원을 추천하는 상황이 오면 나는 반드시 영리병원을 선택하게 될 것이다. 비영리병원의 태도는 다시는 비영리병원을 방문하거나 다른 환자들에게 비영리병원을 선택하라고 추천할 수 없게 만들었다. 그 이유는 분명하다: 비영리병원의 의사와 간호사들은 내가 다시 오도록 만들어야 할 동기를 갖고 있지 않은 사람들이기 때문이다. 비영리병원은 굳이 나를 편안하게 해주어야 할 이유가 없었다는 것을 금방 이해할 수 있었다. 비영리병원들은 과연 환자들이 재방문하도록 하고자 노력하는 것인지 의심스러웠다.

내 개인 경험을 말하면서, 경제적 이익이 동정과 자비 혹은 친절을 베풀기 위한 필요조건이거나 충분조건이라는 것을 말하고자 하는 것은 아니다. 나 자신도 광범위한 기부자들의 지속적 지원에 의존하는 비영리 조직에서 일하고 있다. 만약 내가 기부하는 분들의 요구를 충족시키지 못한다면 그들도 내가 하는 일에 대한 지원을 중단할 것이다. 기부자들과 우리는 동일한 관심을 공유하고 있기에 그들의 지원을 받아 우리는 함께 일하고 있는 것이다. 또 그렇기에 모든 일이 조화롭게 진행될 수 있다.

그러나 분명한 것은 기부자나 고용자, 의사와 환자 혹은 언론인이나 정보와 영감(insight)을 필요로 하는 학자와 교육자 같은 '그 모든 고객들'이 동일한 가치나 목적을 공유하지 않는 상황에서는 '이윤 동기'가 개별적 목적들을 조화롭게 공존하게 만드는 유일하고도 강력한 힘을 발휘하는 것이다.

도덕이나 동정심만으로는 필요한 이익을 서로 나눠 가질 수 없다.

오히려 구체적으로 규정되고 집행되는 법적 기반을 갖춘 사회에서 정당한 이윤은 냉혹한 사회를 만드는 것이 아니라 따뜻한 연민적 사회의 토대를 만든다. 이윤을 추구한다는 것은 의사로 하여금 환자의 위치에서 환자의 요구 사항을 면밀히 살펴보게 만든다. 환자로부터 더 좋은 보상을 받기 위해 의사는 환자의 고통을 상상할 뿐만 아니라 환자에 대한 동정심을 갖게 된다. 그렇기에 자유 시장경제에서 이윤 동기란 연민적 동기를 대체할 수 있는 또 다른 용어에 해당되는 것이다.

제 2 부
자율적 상호 행동과 자기 이익
(Voluntary Interaction and Self-Interest)

부의 불평등에 관한 중대 문제는 경제적 자유가 있는 사회의 부자와 가난한 사람들 간의 불평등이 아니라, 경제적 자유가 있는 사회와 경제적 자유가 없는 사회 간의 거대한 부의 격차 문제이다. 경제적 자유의 존재 여부에 따라 만들어진 부와 가난의 격차 문제는 경제정책을 변화시키는 것처럼 제도와 룰을 바꾸면 해결되는 문제이다.

경제적 자유가 없는 사람을 자유롭게 하는 것이 바로 거대한 부를 창출하는 방법이다. 경제적 자유를 부여하는 것은 우리가 상상할 수 있는 다른 어떤 정책을 새롭게 구상하는 것보다 세계의 부와 가난의 격차를 좁히는 데 더 크게 기여할 것이다.

나아가 정의의 실현이라는 긍정적 결과까지 얻게 된다. 경제적 자유야말로 정의에 대한 평등한 기준이자 모든 사람이 생산하고 교환할 권리에 대한 평등한 존중이며, 인간이 도덕적 존재가 되기 위한 근본적 토대인 것이다.

1. 도덕의 역설
(The Paradox of Moarality)

마오 유시(Mao Yushi) / 영역: 쥬디 블랑쉐트

중국 경제학자이자 지식인이며 사회사업가인 마오유시(茅于軾)는 다음 글에서 조화와 협력을 가져오는 시장의 역할을 설명한다. 그는 '이기심(self-interest)'에 의해 상호작용하는 자본주의의 본질을 자본주의 비판자가 제시하는 잘못된 환상과 대조시켜 설명한다. 소득증대와 낮은 가격을 추구하기 위해 거래(trade)에 참가하는 사람들이 얻게 되는 혜택이 무엇인가를 보여준다. 그는 전통적 중국 문학작품과 중국에서 자본주의를 폐기했던 재앙적 실험기간 동안 수많은 중국인들이 겪은 경험으로부터 사례를 도출하고 있다.

마오유시는 중국 베이징의 천측경제연구소(天測經濟研究所, Unirule)의 설립자이자 소장이다. 그는 여러 책과 많은 학술논문 및 대중적 논문을 썼고, 여러 대학에서 경제학을 강의했다. 중국에서는 처음으로 민간자선단체와 독립적 자조조직을 만들었고, 용기 있

는 자유주의 옹호자로 알려져 있다. 마오유시는 이미 1950년대에 "돼지고기를 살 곳이 없다면 돼지고기 가격은 올라가야 한다"고 주장했고, "지도자 마오(毛) 주석이 과학자를 만나기를 원한다면, 과연 누가 누구를 만나러 가는 것이 맞는가?"라는 말을 했다는 이유로 추방되어 노동훈련소에서 강제노동을 하며 굶어 지내는 생활을 해야 했다. 2011년 그는 82세 나이로 "마오쩌둥을 원래의 인간으로 되돌리기(把毛澤東還原成人)"라는 제목의 글을 써서 차이신(彩信)이라는 온라인에 공개하기도 했다. 그 글로 수없는 살해 협박에 시달리기도 했지만 그는 정직과 정의의 목소리라는 평가를 받으며 더욱 큰 명성을 얻었다. 현대 세계에서 마오유시는 위대한 자유주의자이면서도 자유주의적 사고와 자유 경험을 중국 인민과 전세계에 전파하기 위해 쉬지 않고 일해 온 분이다.

군자국(君子國)에서 발생하는 이익갈등
(Conflict of Interests in The Land of Gentlemen)

18세기와 19세기 중국의 문학가 리루쩐(李汝珍)은 한 편의 소설을 썼는데, 제목은 『경화연(鏡花緣)』(Flowers in the Mirror)이었다. 그 소설에는 탕오(唐敖)라는 사람이 벼슬길에서 좌절을 겪은 후, 임지양(林之洋)을 따라 해외로 나가 유람하는 이야기가 나온다. 탕오는 수많은 국가를 여행하는 도중에 많은 환상적이고 이국적인 광경과 이야기를 경험한다. 그들이 방문했던 첫 번째 국가가 바로 "군자국(The Land of Gentlemen)"이다.

모든 군자국 사람들은 의도적으로 다른 사람들이 이익을 더 얻도록 하기 위해 애를 쓴다. 그야말로 이상적인 도덕국가다. 그 소설의 제11장에는 군자국의 관리(bailiff)가 물건을 사는 상황이 다음과 같이 묘사되어 있다. 작가 리루쩐은 여기에서 의도적으로 고대 중국에서만 이해되는 중국 문자를 사용한다. 당시의 관리는 특권을 갖고 늘 일반인을 괴롭히는 사람이다.

〈몇 개의 상품을 검토해 본 후, 관리는 판매자에게 말했다. "여보게, 물건들이 고품질인데 가격이 너무 싸지 않은가? 이러면 내가 어떻게 당신의 물건을 편하게 구매할 수 있겠는가? 당신이 가격을 올리지 않으면 우리는 더 이상 거래를 할 수 없을 것이네."

그러자 상인이 대답했다. "당신이 내 상점을 찾아준 것만 해도 감사할 일이요. 그렇지만 '파는 사람은 하늘 끝까지 값을 높여 부르고, 사는 사람은 땅에 닿도록 값을 깎아 사려고 한다'는 말이 있소. 지금 가격은 하늘 끝까지 올려놓은 것인데 당신은 내게 계속하여 가격을 더 올리기를 요구하고 있소. 나로서는 도저히 동의하기 어려우니 다른 상점으로 가서 물건을 구매하는 편이 낫겠소이다."

상인의 대답을 듣고 관리는 대답했다. "고품질의 상품인데도 당신은 낮은 가격을 제시하고 있단 말이요. 그렇게 되면 당신은 손해를 본단 말이요. 우리는 서로 속이지 않으면서 침착하게 판단해야 하오. 우리 모두는 상대방에게 이익을 더 주겠다는 각자의 속셈이 과연 없다고 말할 수 있겠는가?"

한동안 언쟁이 계속된 후에도 상인은 가격을 올리지 않겠다고 계속 고집하였다. 그러자 관리는 발끈해서, 원래 사 가려던 상품의 반만 사가려고 했다. 관리가 막 떠나려고 하자 상인은 안 된다며 그의 길을 가로 막았다. 바로 그때 두 명의 노인이 등장해서 상황을 파악한 뒤 관리가 사고자 했던 상품의 80%를 사가도록 중재함으로써 결국 그 거래가 타결되었다.〉

그 소설은 계속해서 또 다른 거래상황을 서술하고 있다.

두 번째 거래에서도 사려는 사람은 상품의 질이 높은데도 제시된 상품 가격이 너무 낮다고 생각하고, 상인은 자기 상품의 신선함이 떨어졌기 때문에 평범한 질의 상품으로 평가되어야 한다고 주장하였다. 결국 구매자는 판매자의 상품 중에서 가장 나쁜 품질인 것들만 골라서 사게 되었다. 그러자 주변의 군중들이 그건 너무 불공정한 처사라고 비난하자, 나쁜 것만 골라서 사려던 사람은 할 수 없이 절반은 좋은 품질의 상품으로, 나머지 절반은 품질이 나쁜 상품으로 가지고 갔다.

세 번째 거래에서는 쌍방이 물건 값으로 지불하려는 은(銀)의 품질과 무게를 평가하는 것에서 논쟁이 발생했다. 은을 지불하려는 쪽에서는 자기 은의 품질이 불량하고 적절한 무게가 아니라고 단호하게 말했다. 그러나 은으로 지불받을 쪽에서는 은의 품질도 좋고 무게도 괜찮다고 말했다. 결국 은으로 값을 지불한 사람이 이미 멀리 가버리자, 그 은을 받은 사람은 자신이 더 받았다고 생각하는 만큼의 은을 타지에서 온 거지에게 줘야겠다는 의무감을 갖게 되었다.

소설 속의 군자국에서 펼쳐지는 사건에 대한 묘사는 우리에게 두 가지 문제를 더 깊이 생각해 보게 만든다.

첫째, 거래하는 쌍방이 서로 이익의 몫을 포기하고자 하거나, 이익 몫이 너무 높다고 주장할 때에도 논쟁은 일어난다는 사실이다. 물론 우리가 실제 생활에서 접하게 되는 논쟁의 대부분은 자기의 이익을 확대하고자 하는 데서 비롯된다. 그래서 우리는 언제나 상대방의 이익을 먼저 생각한다면 다툼이 벌어지지 않을 것이라고 가정하게 되는 오류를 범한다. 그러나 이상적인 군자국의 예에서 보듯이, 다른 사람의 이익을 우선해 판단하고 결정하는 것 역시 갈등을 초래한다는 것을 알 수 있다. 자기 이익을 전혀 추구하지 않는 사회에서조차도 마찬가지로 조화롭고 조정된 사회를 만들기 위해서는 논리적 토대가 만들어져야 한다는 것은 분명한 사실이다.

생각을 보다 더 진전시켜 보면, 실제의 상업거래에서 거래 당사자들은 자신의 이익을 추구하는 것은 맞지만, 가격과 품질 조건에 대한 협상을 통해 상호 합의에 도달하는 것이다. 그런데 이와 같은 협상이 군자국에서는 불가능하다. 작가는 소설에서 갈등 해결을 위해 두 노인과 거지를 개입시키기도 했고, 심지어 충동적 방식으로 해결하려고도 했다.[31] 여기에서 우리는 심오하고도 중요한 진실을 마주하게 된다. 쌍방이 자신의 개인 이익을 추구하는 협상은 균형에 도달할 수 있지만, 쌍방 모두 상대의 이익만을 고려한다면 그들은 결코 합의에 도달할 수 없다는 사실이다. 더욱이 그것은 남의 이익을 우선해야 하는 자기

---

31) 다행히도 그 거지는 국외자였다. 만일 그가 군자국 출신이었다면, 그 논쟁은 끝이 없었을 것이다.

자신과도 충돌하는 사회를 만든다.

그런 것들은 모두 일반적 예측과 달라진다. 군자국의 사람들은 상호관계에서 균형을 이룰 수가 없기 때문에 결국 소인배의 나라(Land of Inconsiderate and Coarse)로 바뀌게 된다. 군자국은 다른 사람의 이익을 먼저 돌보도록 되어 있는 상황이기에 그 나라는 결국 악의적으로 행동하는 소인배들만 들끓게 된다. 군자들이 서로 간에 합의할 수 있는 거래를 달성하지 못할 때, 소인들은 군자들이 포기하는 이익을 취하는 방법으로 모든 이익을 다 누리며 살게 된다. 그런 상황이 계속되면 결국 군자들은 사라지게 될 것이고, 그 사회는 소인배들의 나라로 대체될 것이다.

인간은 자기 이익을 추구할 때 비로소 서로 협력할 수도 있게 된다. 이익을 추구하는 인간이야말로 인류가 이상적 세계를 추구할 수 있는 확고한 토대이다. 인류가 직접적이고도 전적으로 다른 사람들의 이익만을 추구한다면, 그 어떤 이상도 실현될 수 없는 것이다.

다시 현실로 돌아오면, 갈등을 줄이기 위해 우리 모두는 동료에게 관심을 가져야 하고 이기적 욕구를 억제할 줄 알아야 한다. 그렇지만 다른 사람의 이익에 대한 관심과 배려가 '모든' 행동의 목표가 된다면, 리루쩬이 군주국에서 묘사했던 것과 같은 갈등은 불가피한 것이다. 오히려 각자의 이익을 추구하기 때문에 서로 합의하고 협력할 수 있는 것이다. 어떤 사람은 군자국에서의 예와 같은 코믹한 상황은 현실에서 절대 일어날 수 없다고 말하겠지만, 소설에서 명백히 드러나듯이, 현실에서의 상황과 군자국에서의 상황들은 유사한 이유로 일어나게 된다. 달리 표현하면, 현실 세계와 군자국 모두에서 이기심(self-interest)

을 추구한다는 것이 무엇을 의미하는지에 대한 명확한 개념을 갖고 있지 않기 때문이다.

군자국 사람들이 거래하는 이유(motive)는 무엇인가? 우리가 우선 질문해 봐야 할 것은 "왜 인간은 교환하고자 하는가?" 하는 것이다. 원시적 물물교환이든 화폐를 통한 현대사회의 교환이든, 거래 이유는 상황을 개선시키는 데 있다. 자신의 생활을 좀 더 편리하고 편안하게 하기 위해서 거래하는 것이다. 만약 교환해야 할 이유가 없다면, 사람들은 무엇 때문에 고생을 감수해 가며 거래에 참여하려고 하겠는가?

우리들은 바늘과 실에서부터 냉장고와 컬러 TV 등에 이르기까지 향유할 수 있는 각종 재화와 서비스를 거래를 통해 얻게 된다. 만약 거래를 할 수 없다면, 모든 개인은 시골에서 곡식과 면화를 재배할 수 있어야 하고, 자신이 만든 벽돌로 집을 짓고 살아야만 한다. 생존에 필요한 모든 물품을 토지로부터 얻기 위해서 투쟁해야 할 것이다. 그런 식으로 해서 수십만 년을 생존했던 우리 선조들처럼 우리도 그럭저럭 살아갈 수 있을지 모른다. 그렇지만 그런 방식으로는 오늘날 현대문명이 제공하는 어떤 혜택도 우리는 결코 향유할 수 없을 것이다.

심지어 군자국 사람들에게도 이미 국가도 있고 시장도 있다. 그들은 자급자족적 생활방식을 이미 포기했고, 그 대신에 물질적 환경을 개선하기 위해 거래방식을 선택하고 있었음을 보여주었다. 그렇게 된 상황에서, 경제적 교환에 참여하면서도 그들이 자기 이익을 고려하지 않아야 할 이유는 어디에도 없다. 물론 처음부터 거래의 시작을 자기 이익은 줄이고 상대 이익을 도모하려는 것이라고 한다면, 아마도 "군자다운" 행동이 발생할 수 있을지도 모른다. 그러나 교환에 참여하고 거래를 경험해 본 사람은 모두가 잘 알고 있듯이, 교환 당사자들은 자신의 이익을 위해 교환에 참여하는 것이다. 시장교환에 참여하면서도 자기 이익에 반하여 행동하는 사람들은 이미 거래해야 할 이유와 불일치하고 있다는 것을 알게 된다.

가격협상 없이 상호이익을 가져오는 사회가 가능한가?
(Is It Feasible to Establish a Society Based on Mutual Benefit Without Price Negotiations?)

과거 중국에서 레이펑(雷鋒)[32]의 삶과 행동을 찬양하던 시절이 있었다. TV프로그램은 주변 사람을 위해 취사도구를 수선해 주는 레이펑의 헌신성과 친절함을 모방하는 사람들의 모습만을 보여주었다. 당시에는 수선이 필요한 낡은 도구를 들고 서서 기다리는 사람들의 긴 줄이 자주 비춰졌다. 그런 모습을 보여줬던 의도는 다른 사람들도 친절한 마음을 가진 레이펑의 계승자가 되고 모방하게 할 목적으로 그런 모범적 사례에 주목하라고 독려했었다. 수많은 사람들로 이루어진 그런 긴 줄이 없다면, 그런 선전은 별다른 설득력을 갖지 못했을 것이다.

---

32) 레이펑(1940. 12. 18 – 1962. 8. 15)은 인민해방군 출신으로 1962년 교통사고로 사망한 후에 국가적 영웅이 되었다. "레이펑 동지를 배우자"는 국가적 선전은 1963년에 시작되었다. 그 선전의 목적은 중국 인민들이 그를 따라 중국 공산당과 사회주의에 대해 헌신하도록 요구하는 것이었다.

그러나 우리는 취사도구를 수선하기 위해 긴 줄을 서도록 강요받았던 사람들이 실제 레이펑으로부터 배워야 할 것은 전혀 배우지 못했다는 사실에 주목해야 한다. 반대로 그들은 레이펑과 같은 다른 사람을 이용해서 자기 이익만을 추구했던 것이다.

그와 같은 선전방식은 다른 사람에게 선한 행동을 하게 하는 가르침을 주었을 수도 있다. 하지만 선한 행동을 권장하는 선전 방식은 동시에 다른 사람으로부터 무료로 개인적 이득을 취해서 사는 방법을 가르치는 것이기도 했다. 과거에는 보상도 받지 않고 다른 사람을 위해 일하는 사람을 보여주는 선전이 사회적 도덕을 향상시킨다고 생각했다. 그러나 그것은 정말이지 큰 오해이다. 왜냐하면, 다른 사람으로부터 무료로 개인적 이득을 얻는 방법을 배우려는 사람의 숫자가 다른 사람이 필요로 하는 재화와 서비스를 만들어 제공할 수 있는 일을 배우겠다는 사람보다 훨씬 많아졌기 때문이다.

경제 소득이란 측면에서 보면, 다른 사람에게 대가 없이 봉사하라는 보편적 의무를 부담지우는 것은 사회적 낭비를 만들어낼 뿐이다. 무엇보다 무료로 수리하려고 가져오는 물건들은 대부분 파손 정도가 심해서 다시 수리할 만한 가치가 없는 것들이 대부분이다. 심지어 쓰레기 더미에서 주워왔을 법한 물건을 가지고 올 가능성도 매우 높다. 주워오는 사람이나 수선해야 하는 사람이나 불필요한 시간을 쓰게 만든다. 또한 비록 공짜 수리를 해준다고 하더라도 수선하는 데는 시간이 필요한 것은 물론이고, 물건 수리를 하기 위해서 다른 곳에서 사용 가능한 필요한 재료들을 공급받을 수밖에 없다.

결국 그러한 공짜 수리란 다른 사람의 시간과 서비스 부담을 가져올 뿐만 아니라 공짜 수리를 시도하는 사람들에게도 오랜 시간 줄을 서서 보내야 하는 시간적 소모를 가져오는 것이다. 사회 전체의 관점에서 본다면, 수선하기 위해 사용된 시간, 노력, 재료 그리고 찾아가서 줄을 서고 기다리는 데 쓰여진 시간 등은 모두 거의 사용 불가능한 취사도구를 개선하는 데 소모되고 있는 것이다. 만약 그런 시간과 재료, 노력들이 보다 생산적인 활동에 사용되었다면, 분명 사회에는 더욱 가치 있는 것들이 창출되었을 것이다. 경제 효율과 전반적 사회후생 측면에서 보면, 이러한 무상수리 활동은 역시 득(得)보다 실(失)이 더 크다.

더 나아가 친절한 마음을 가진 레이핑 지지자 중 일부는 취사도구를 들고 무상 수리 서비스를 받고자 기다리는 사람들을 대신해서 줄을 서주겠다고 제안하는 상황을 가정해 볼 수 있다. 그런 호의적 행동으로 가난한 어떤 사람이 줄을 서지 않는 자유로운 상황이 된다면, 물건 수리를 위해 기다리는 사람의 줄은 점점 더 길어질 것이다. 선의의 헌신이라 하더라도 줄을 서서 기다리는 그룹이 있는 상황에서, 다른 그룹까지 나서서, 그럴 필요가 없는데도 선한 행동을 하게 만드는 것이야말로 정말로 무의미한 짓이다.

의무를 강요하는 사회란, 다른 한편으로 보면, 누군가는 서비스 받는 것을 당연한 것으로 여기는 사회이다. 그러나 그런 방식의 서비스 윤리란 결코 보편화될 수 없다. 도덕적 사고에 기반하여 무상으로 서로 돕는 사회 시스템이 우월한 것이라고 강조하는 사람들은 이런 사실을 심각하게 생각하지 않고 있는 것이 분명하다.

다른 사람의 물건을 무료로 수선해야 할 의무는 예기치 않은 결과를 수반하기도 한다. 전부터 직업적으로 수선업무에 종사했던 사람들은 레이핑을 따라 하는 지지자들이 늘어남에 따라 점차 일자리를 잃어버리는 고통을 겪게 된다. 레이핑의 행동은 분명 사회에 긍정적인 것이고, 도움이 필요한 사람들을 돕는 것이기에 레이핑에 대한 선전교육을 반대하는 것은 아니다. 그러나 다른 사람들을 위한 봉사 서비스를 의무처럼 여기게 만드는 것은 사회적 모순과 무질서를 양산한다. 그것은 레이핑이 수행하는 자발적 서비스 정신을 왜곡시키는 것이기도 하다.

우리 사회를 매우 냉소적으로 보는 사람들도 많다. 다른 무엇보다도 돈이 우선시되는 사회라면서 그런 사회를 혐오한다는 사람이 많다. 그들은 돈이 인간들 사이의 정상적 관계를 왜곡한다고 본다. 그렇기에 돈이나 가격과 관련된 상황으로부터 자유로운 상호 헌신적 서비스에 토대를 둔 사회가 창조되기를 바란다. 농부는 보상을 생각하지 않고 곡식을 재배하고, 노동자도 보상 없이 모두를 위한 옷을 만들고, 이발사는 무료로 머리 손질을 해주는 그런 세상을 꿈꾸기도 한다. 그런 이상적 사회가 실제적으로 가능하고 정말 바람직한 것일까?

주제에서 조금 벗어날 수 있지만, 사회구조를 이해하기 위해서 자원배분(allocation of resourse)에 관한 경제이론을 검토할 필요가 있다. 가상 실험(thought experiment)으로 시작해 보자. 먼저 머리를 다듬는 이발사를 생각해 볼 수 있다. 남자들은 보통 3주, 4주마다 이발을 하지만, 만약 이발을 공짜로 해주는 사회가 있다면 그들은 매주 이발을 하러

갈지도 모른다. 그렇기에 이발하는 데 돈을 지불하는 것이 오히려 이 발사의 노동을 더 잘 활용하는 방법이다. 그렇지 않으면 이발사의 숫 자만 한없이 늘어날 것이다. 시장에서 이발사의 서비스 가격은 그 업 무가 사회에 기여하는 사회적 노동 몫에 따라 결정되는 것이다. 만약 국가가 돈 없는 사람들을 위한다며 이발 비용을 강제로 낮게 유지하 면 이발을 원하는 사람들의 수는 증가할 수밖에 없고, 그만큼 이발사 의 숫자는 증가되어야 한다. 물론 전체 노동력이 일정하게 유지되는 상황에서는 의도하지 않게 다른 직업들은 반드시 감소되어야만 할 것 이다.

중국의 농촌 지역을 가면 공짜 서비스를 해주겠다는 제안들이 너 무도 많다. 누군가가 새로운 집을 짓기 원한다면 친척과 친구들은 집 짓는 일을 도와주러 온다. 그 대신 도와준 친구가 다음에 집을 새로 짓게 될 때에는 도움을 받았던 친구가 보상 형태로 무료노동을 제공 하는 것은 흔히 있는 일이다. 수선공들은 간단한 수선을 해주면서 춘 절 선물을 기대하거나 때때로 요금을 받지 않고 전자 기기를 고쳐주 기도 한다. 그런 식의 돈거래 없는 거래방식은 수행되는 서비스의 가 치를 정확히 측정할 수 없게 한다. 결국 제공된 노동의 가치는 효과적 으로 평가되지 않고 사회적 노동분업도 장려되지 않는 상황을 만들어 낼 뿐이다.

돈이 거래되고 가격이 결정된다는 것은 사회 발전에 중요한 역할 을 한다. 물론 사랑과 우정 같은 감정이 돈으로 대체되기를 바라는 사 람은 아무도 없다. 사랑과 우정은 돈으로 대체될 수 있는 것도 아니다. 그러나 인간의 감정적 연대감을 훼손시킬 것이라는 두려움 때문에 돈과 거래를 없앨 수는 없다. 실제 돈으로 표시되는 가격은 자원을 가장 가치 있고 효율적으로 할당되도록 하는 데 활용할 수 있는 유일한 수단이다. 그런 측면에서 화폐적 가격을 유지하면서도 숭고한 감정과 가치를 모두 공존시킬 수 있는 효율적이고도 인간적인 사회를 우리는 여전히 구축할 수 있다.

이기심의 균형
(The Balance of Self-Interest)

다른 가상적 실험으로 A와 B, 두 명이 사과(apple) 두 개를 먹기 전에 서로 나누는 상황을 생각해 보자. A는 먼저 다가와서 사과 두 개 중에 더 큰 것을 가져갔다. 그러자 B가 언짢아하며 A에게 "넌, 어떻게 그렇게 이기적일 수 있느냐?"고 물었다. 그러자 A는 "그럼, 네가 먼저 잡았다면 넌 어떤 것을 잡았을 건데?" 하고 반박해 물었다. 그때 B는 "나는 작은 사과를 먼저 잡았을 거야"라고 대답했다. 그러자 다시 A가 웃음을 지으면서 "그럼, 내가 선택한 것이 네가 희망했던 것과 완전히 일치하네."라고 말했다.

검토해 보아야 할 시나리오는, B는 "다른 사람의 이익을 자기 이익보다 먼저 생각해야 한다"는 원칙에 따라 행동하지만, A는 그렇지 않았기 때문에 B를 이용한 경우에 해당한다. 동일한 논리로, 전체 사회에서 한 부문에서만 특정 원칙이 관철되는 데 반해 다른 부문에서는 그렇게 되지 않으면, 한 쪽은 늘 손실을 보고 다른 쪽은 늘 이득을 볼 것이 분명하다. 그런 결과가 중단되지 않고 계속된다면 결국 갈등과 파국으로 이어지게 된다. 사람들 중의 일부만이 자기보다 다른 사람의 이익을 먼저 생각하는 경우에도 결국 그 체제는 갈등과 파국으로 귀결되게 된다.

다른 경우를 가상하여 A, B 모두가 상대방의 이익만 배려하는 상황이라 하더라도 마찬가지로 위에 언급한 사과의 배분 문제는 해결될 수 없다. 서로가 더 작은 사과를 선택하겠다고 고집한다면, 군자국의 예와 마찬가지로, 새로운 문제가 발생할 것이다. A와 B의 경우에서 나타나는 것들은 다른 상황에서 적용될 때에도 현실적 문제가 된다. 만약 한 사람을 제외하고 전 사회가 나서서 나머지 한 사람에게 이익을 제공하는 원칙이 관철된다면, 사회 전체는 그 사람의 행복을 위해 서비스해야 한다. 논리적으로도 그런 체제는 가능하지도 않고 나머지 전체가 불행해질 뿐이다. 서로가 다른 사람을 위해 서비스해야 하는 원칙에 따른 행동을 하게 된다면, 그 사회는 오히려 상호 협력적 사회로 존재할 수 없는 것이다.

선의에 따라 다른 사람을 위해 서비스를 제공하는 사회가 되어야 한다는 원칙은 특정인에 대한 서비스 제공이 사회 전체의 이익과 합치되는 조건에서만 가능한 것이다. 그렇지만 특정인을 위한 서비스가 다른 모두에게도 혜택이 되는 일이란 불가능한 것이고 모순되는 것이다. 지구 전체의 측면에서 본다면, 다른 사람의 이익을 책임지는 행동이 무한대의 영역까지 확대되어 달에까지 도달하는 상황이 아니라면, 그것은 가능하지 않은 일이다.

모순이 발생하는 이유는, 사회 전체의 관점으로 보면, "다른 사람"과 "자신" 간의 차이가 어느덧 없어져 버렸기 때문이다. 다른 사람을 위한다면서 실제로는 자신을 위하는 일이어야 하기 때문이다. 특정 상황에서만 보면, 일반적인 사람에게 "자신"은 "자신"이고, "다른 사람"은 "다른 사람"이다. 전자와 후자는 결코 혼동될 수 없다. 그러나 사회 전체적 측면에서 보면, 각 개인은 "자신"인 동시에 "다른 사람"인 것이다. 따라서 "다른 사람에게 봉사하기 전에 자신에게 봉사해야 한다"는 원칙이 개인 A에게 주어졌을 때, A는 다른 사람보다 자신에게 돌아가는 이득과 손실을 먼저 생각한다. 그러나 만약 그런 원칙에 따라 B가 행동했을 때에는 어느덧 개인 A는 자기 이익을 우선하는 사람이 되고 만다.

동일한 사회의 구성원들에게 다른 사람을 먼저 생각해야 한다거나, 다른 사람들이 자신을 먼저 생각해야 한다는 것은 심각한 혼동과 모순을 가져온다. 따라서 개인 이익을 버려야 한다는 원칙은 매우 멋진 표현이지만 논리적으로 앞뒤가 안 맞는 모순(矛盾)일 뿐이다. 또한 인간관계에서 야기되는 많은 문제를 해결하는 기능이 작동될 수도 없게 된다. 물론 특별한 생명에게 베푸는 고귀한 영혼이 칭찬받을 가치가 없다고 말하는 것은 결코 아니다. 또 그런 사람들의 행위가 칭찬받을 만한 것이 아니라는 것은 아니다. 전체 사회 구성원들에게 지속가능하게 상호이익을 제공할 수 있는 보편적인 토대가 될 수 없다는 것을 말하는 것일 뿐이다.

중국에서 문화대혁명의 시기를 겪어야 했던 사람들은 "이기주의와 싸우고 수정주의를 비판한다(鬪私批修)"는 구호가 전국으로 전파되던 바로 그때 음모주의자들과 출세주의자들이 가장 절정에 달했던 사실을 잘 기억하고 있다. 당시 대다수 평범한 중국 인민들은 그런 구호, 즉 이기주의를 폐기하자는 것이 사회규범이 될 수 있다고 믿었다. 그리고 그 구호에 맞춰 성심성의껏 행동하고자 했다.

그러나 같은 기간에 기회주의자들은 다른 사람들을 이용할 수단으로 그런 도덕적 구호를 활용했다. 기회주의자들은 다른 사람의 집을 습격하고 다른 사람의 재산을 빼앗을 명분으로 착취를 반대한다는 캠페인을 이용했다. 그들은 다른 사람들에게 이기주의를 척결하도록 요구했고, 혁명을 위해 반역자, 첩자, 반혁명분자였다는 사실을 인정하라고 요구했으며, 비위기록부(record of demerits)에 그런 내용을 추가해 나갔다. 그런 거창한 명분을 내건 이기주의자들은 자기가 차지할 관직을 확보하기 위해서 다른 사람들을 비판했었고 죽을지도 모르는 곳으로 보냈다.

지금까지 우리는 "이기심을 버리고 먼저 다른 사람에게 봉사하라"는 원칙의 이론적 문제점을 분석하였다. 그러나 중국에서 있었던 문화혁명의 역사는 그런 원칙이 실행에 옮겨지고 강요될 때 그 원칙이 가진 모순은 보다 더 극명하게 드러났다. 처참했던 중국의 문화혁명은 기억 속으로 사라졌지만, 우리는 당시의 모든 구호들이 남들을 비난하거나 감시하자는 것들이었다는 사실을 기억해야 한다. 사회에서 문제를 해결하는 것은 서로에 대한 비난이나 감시로부터 자유로운 세상을 만드는 것이다. 그렇다면, 이기심을 버리라는 원칙이 최선이고 가능한 것인가의 문제는 더 이상 고려 대상이 될 수 없다. 그럼에도 불구하고 과거의 잘못된 선동방식을 사용하면서 사람들에게 분쟁 해결의 궁극적 방안이 이기심을 버리는 것이라고 호소하는 상황이 계속되고 있다. 심지어 법정에서조차 낡은 방식은 여전히 상당한 영향을 발휘하고 있는 실정이다.

　가상 실험(thought experiment)에 능숙한 독자는 앞에서 언급된 두 사람이 사과를 나누는 예와 관련하여 반드시 추가적인 질문을 할 것이다. 만약 "자신보다 다른 사람들을 먼저 생각한다"는 것이 두 개의 사과를 배분하는 최선의 방법에 관한 문제를 해결할 수 없다면, 그렇다면 최선의 방법은 없는 것인가, 하는 것이다. 하나의 큰 사과와 하나의 작은 사과가 있고 두 사람만이 배분에 참여하는 상황에서는 과연 신(神)조차도 적절한 해결책을 만들 수 없는 것인가?

　그러나 실제 시장적 교환사회에서는 앞에서의 문제들은 쉽게 해결된다. 더 큰 것을 갖고자 하는 두 사람은 딜레마를 해결하기 위해 협상을 할 수 있다. 예를 들어 A가 큰 사과를 선택하는 경우, 다음에는 B가 더 큰 사과를 선택하기로 서로 약속하는 양해의 방식을 택할 수도 있다. 혹은, A가 큰 사과를 선택하는 대가로 B에게 그 차이에 해당하는 만큼을 보상하는 방법도 있다. 희생하는 사람에게 대가를 지불하는 방식은 어려움을 해결하는 매우 중요한 방안이다. 화폐를 사용하는 경제에서는 작은 보상액(1센트)을 제안하는 것으로 시작할 수 있다. 그러나 최종적 보상 결정액은 상대방이 보상을 대가로 기꺼이 작은 사과를 수용하는 수준에 이를 때까지 점차 증가될 것이다. 마찬가지 방법이지만, 처음에 쌍방 모두가 큰 사과를 선택한 후, 작은 것을 선택할 사람에 대한 보상 액수를 증가시켜서 둘 중에 하나가 작은 사과를 선택할 때까지 보상 액수를 늘리는 것도 방법이다. 쌍방이 합리적이라면, 그 둘은 분쟁을 해결할 방법을 찾을 것이 확실하다. 이익 협상이 바로 쌍방 간에 충돌할 수 있는 이익 대립을 평화적으로 해결하는 가장 최선의 방식인 것이다.

중국에서 개혁 · 개방이 진행된 이후 30년이 지난 지금 빈부(貧富)는 다시 적대감(animosity)이 개입되는 문제로 제기되고 있다. 하루가 다르게 부유해지는 부자들에게 그런 적대감이 쏠리고 있다. 계급투쟁이 강조되고 대중운동이 시작되던 초기처럼, 고통스런 과거와 행복해 보이는 오늘이 대비되고 있기 때문이다. 과거 행위가 다시 비판의 대상이 되고 있고, 과거의 착취는 다시 인민의 적대감을 동원하는 씨앗으로 사용되고 있다.

1966년 계급체제라는 구악(舊惡)을 일소한다는 운동이었던 문화운동이 처음 시작되었을 때, 곳곳에서 토지 소유자의 후손들이 생매장되었다. 토지 소유자의 대부분이 이미 죽었음에도 불구하고 후손들까지 처단의 대상이 되었다. 남녀노소를 불문하고 살려주지 않았다. 흔히 명분 없는 사랑이 없다고 하는 것처럼, 이유 없는 적대감도 없다. 토지 상속을 받은 계층의 자녀에 대한 적대감은 지주 계층의 후손들이 그 위치에 오르게 된 것이 대부분 착취에 의존했다는 강렬한 신념으로부터 출발하는 것이다.

오늘날의 빈부 격차는 점점 더 분명하게 나타나고 있다. 불법이 엄격히 제한되는 선진국에서조차 빈부 격차는 일반적으로 존재한다.

그러나 부자에 대한 분노를 표출하는 이면 논리는 커다란 결함이 있다. 누군가가 아직 자신이 부유하지 않기 때문에 부자들에 대해 분개한다면, 그가 취할 수 있는 최선의 전략은 부자를 타도하는 것이다. 그 이후에는 스스로 부유하게 될 때까지 기다리거나 남의 것을 빼앗는 방법일 것이다. 그래서 부자가 되었다면, 그 순간부터는 반대로 부자에 대한 권리보호를 지지할 것이 분명하다. 이와같이 부가 만들어지는 것이 아니고 이전되는 것이라고 생각하는 집단들에서는 그런 방식이 실제 가장 합리적 방식인 것처럼 보일 것이다.

그러나 모든 사회에서 구성원 모두가 동일한 속도로 부유하게 조정할 방법은 없다. 일부 사람들은 다른 사람들보다 먼저 부유해질 것이다. 우리 모두가 같은 속도로 부유해지기를 기다린다면, 어느 누구도 부유해질 수 없게 될 것이다. 각 개인이 자신의 노동의 결과물을 향유하는 것을 침해받지 않고 재산권이 존중되는 사회에서는 누구든 부유하게 될 기회를 갖게 될 것이다. 부를 획득할 권리가 보장되어 있다면 가난한 사람들이 부자들을 적대해야 할 이유가 없다. 모든 개인들이 점차 부를 이뤄가고, "부자가 되는 것은 명예로운 것"이라는 데 동의하는 사회는 실제로 번영 사회를 만들어 갈 수 있는 사회이다.

언젠가 중국의 철학자 리밍(黎鳴)은 사람을 두 개의 집단, 즉 부자와 빈자로 나누는 것은 둘 사이를 구분하는 매우 잘못된 방법이라고 한 바 있다. 오히려 굳이 분류를 하려면 권리를 갖고 있는 사람과 권리를 갖지 못한 사람들로 구분되어야 한다고 했다. 현대 사회에서 빈부(貧富) 문제도 사실은 권리(權利) 문제라는 것이다. 부유한 사람은 부유하게 될 권리를 가졌기 때문에 그렇게 되고, 반면에 가난한 사람은 그런 권리를 갖지 못해서 그렇게 된 경우가 대부분이라고 했다. 리밍이 권리 문제라고 본 것은 능력 발휘의 여부에 따라 부유해질 수 있는 동등한 기회가 주어져 있느냐 하는 보편적인 기본권을 말한 것이다. 세상에는 여전히 극소수만이 특권에 접근할 수 있는 것이 현실이다. 빈부격차 문제를 해결하기를 원한다면, 우리는 먼저 모두에 대해 동등한 권리가 부여되는 사회를 수립해야 한다. 그런 면에서 리밍의 분석은 매우 심오하고 철두철미한 것이다.

2. 시장사회의 평등과 불평등에 관한 도덕론
(The Moral Logic of Equality and
Inequality in Market Society)

레오니드 V. 니코노프

러시아 철학자 레오니드 니코노프는 다음의 글에서 교환이 만
드는 '평등'개념에 대한 면밀한 분석을 시도한다. 각 개인의 타고난
자질, 추구하는 가치, 혹은 주어진 결과물과 관련된 평등문제를 제
기하면서 자본주의를 비판하는 사람들의 대부분은 일관성을 잃고
있다는 것을 밝힌다.

니코노프는 러시아연방 바르나울(Barnaul)의 알타이(Altai) 국립
대학교에서 철학을 강의하며 사회철학, 존재론, 지식학, 그리고 종
교철학에 관한 과목을 담당한다. 그는 "자유주의의 도덕에 대한 평
가"와 관련된 책을 저술하고 있고, 많은 저서를 러시아 아카데미출
판사를 통해 출판하였다. 2010년 러시아와 카자흐스탄에서 토론회
를 조직, 개최하였고, 그 외 다양한 프로그램을 운영하는 자유철학
센터(Center for the Philosophy of Freedom)를 설립하여 소장으로 있다.

그는 2007년 러시아에서 "글로벌 자본주의와 인간 자유"라는 주제의 우수 논문으로 최우수상을 획득한 이후 관련된 활동에 종사해 왔다. 그 상은 〈자유를 지향하는 학생들〉이란 단체가 주체한 2011년 논문 경시대회에서 수여한 것이다. 그는 우크라이나의 알루시타(Alushta)에서 InLiberty.ru(당시에는 Cato.ru)란 단체가 개최한 자유에 관한 여름캠프에 참석했다. 그는 전통적 자유사상을 회복시키기 위해 1947년 39명의 학자들에 의해 만들어진 몽페르랑 소사이어티(Mont Pelerin Society)에 최연소 학자로 2011년에 참여하기도 했다.

시장은 반드시 동등한 결과를 만들어내지 않는다. 물론 동등한 자질을 요구하는 것도 아니다. 시장제도를 유지하는 데 불필요한 비용이 발생하는 것도 아니다. 우리가 흔히 말하는 불평등이란 정상적 시장교환의 결과로는 발생하지 않는다. 오히려 불평등이야말로 교환의 전제조건이다. 교환되는 모든 것이 다 동등한 것이라면 교환을 해야 할 필요도 없다. 교환을 통해 시장에서 부(wealth)가 분배되어지는 사회의 운영원리를 살펴보면, 동등한 것을 만들어낼 수 있다는 것 자체가 우스꽝스런 것이다. 자유시장은 결코 동일한 결과를 만들어 내야 하는 것으로 여겨져서는 안 된다. 교환할 수 있는 평등한 자유와 모든 개인에게 주어진 평등한 기본권은 자유시장을 위해 필수불가결한 것이지만, 그런 법적 권리 이외의 다른 조건은 결코 동등해질 수 없는 것이 당연하다.

　동등한 것들 간에만 교환되어야 한다는 이상적 전제는 출발 시점에서의 자질의 동등성(同等性)은 물론이고 결과까지 동등해야 한다는 것이 되고 만다. 만약 자질의 동등성을 의미한다면, 모든 측면에서 동등한 자격을 갖춘 주체들만이 동등한 교환에 참여할 수 있다는 것이다. 그것은 서로 다른 조건과 자질을 갖춘 주체들 간의 교환을 불평등한 것으로 만드는 것이다.

　그런 논리에 따르면, 고용자와 피고용자 사이의 노동계약도 본질적으로 불평등한 것이다. 상호 필요에 의해 계약하는 것도 정당하지 않은 것으로 거부해야 하는 이유가 된다. 마찬가지로, 만약 평등이 결과의 동등성을 의미하는 것이라면, 그것은 동등한 가치가 교환된다는 의미이거나, 아니면 교환 결과가 동등해야 한다는 의미다. 예를 든다면, 동일한 품질을 갖춘 동등한 양의 상품이 한 주체에서 다른 주체로 이전되는 교환만이 동등성의 조건을 만족시키게 된다.

　그러나 개인적 차이가 전혀 없이 서로 똑같이 닮은 로봇 둘이서 같은 물건을 서로 교환하는 초현실적인 상황을 상상해 보자. 우선 겉으로 드러나는 모습으로 인한 혐오감은 차치하더라도, 그런 부자연스런 모습을 보면 동등한 것들만이 교환되어야 한다는 사고 자체가 심각한 모순관계에 놓여 있음을 알게 된다. 실제로 그런 교환이란 아무것도 바뀐 것이 없는 것으로 교환을 통해 이익을 얻을 수 없다. 그런 거래는 어느 한 쪽도 만족시키지 못하기에, 누구도 그런 행동을 할 이유가 없다.

　마르크스(K. Marx)는 시장에서의 교환은 동등한 가치의 교환이어야 정당한 것이라고 주장하나, 그것은 탁상공론이고 무의미하며 일관성

없는 경제이론일 뿐이다. 시장을 통해 거래하는 이유는 개별 당사자들이 교환을 통해 더 좋은 상태로 변화시키기 위해서 하는 것이다. 그런데, 시장교환이 동등성의 원칙에 의거하여 수행되어야 한다는 것은 교환행위를 해야 할 본질적 이유를 상실하게 만든다. 거래하는 이유는 거래하는 당사자들이 자신이 가진 것 대신에 상대방의 재화나 서비스와 교환하였을 때 가치가 더 커진다고 생각하기 때문에 이루어지는 것이다.

그럼에도 불구하고 윤리적 측면에서 동등성이란 개념은 설득력이 있다. 왜냐하면, 도덕적 판단의 공통된 특성은 순수하게 의무적인 논리로 형성되기 때문이다. 도덕적 판단은 단지 존재해야 하고, 그렇게 되어야만 한다는 것을 강조한다. 실제로 존재할 수 있느냐와는 관계없이 당위적으로 되어야 하는 것에 관심을 갖는다.

예를 들어, 철학자 임마누엘 칸트는 결과와 귀결된 상황, 혹은 실제 가능한 것인가와 관계없이 의무(obligation)의 실현을 강조했다. 그렇기에 도덕적 의무가 있는 것이라면 그것은 실제 전개되는 현실이나 실현성의 여부와 상관없이 그렇게 행동해야 한다고 본다. 따라서 동등한 것들 간의 교환이란 경제적으로는 매우 우스꽝스러운 것임에도 불구하고, 그와 같은 교환이 도덕적 이상으로서 견지되고 있고, 실제 그런 행동을 하도록 옹호되는 현실이다.

도덕적 관점에서의 평등(平等)은 매우 복잡한 문제이다. 먼저 평등을 실현하는 것을 주된 목적으로 두는 시각과 그렇지 않은 시각 간의 차이가 구별되어야 한다. 평등의 성취를 소중히 하는 것을 평등주의

(平等主義)라 할 수 있고, 그렇지 않은 경우를 비평등주의(非平等主義)라고 할 수 있다. 비평등주의자들도 평등은 언제나 바람직하지 않으며, 또한 불평등이 항상 바람직한 것이라고 말하는 것은 아니다. 그들은 단지 평등에 목적을 두고, 특히 물질적 부의 평등을 실현하는 데 집요함을 보여주는 배타적 평등주의를 거부할 뿐이다. 고전적 자유주의에 입각한 비평등주의자는 평등한 기본권과 같은 권리의 평등에 대해서는 매우 중요하다고 강조하지만, 기본권의 평등은 결과의 평등과는 전혀 다를 수 있다는 것을 인정한다. 그런 면에서 비평등주의는 종류가 다른 평등주의자라고 평가할 수도 있다.

 권리의 평등이란 현대 자유사회에서 당연한 것으로 간주되는 법과 재산, 그리고 관용에 대한 경험에 근거하고 있다. 비평등주의적 자유주의자와 고전적 자유주의자는 자신들의 견해가 순수하고 일관성을 가진 것이면서도 실제로 가장 지속가능한 평등이라고 옹호한다. 그렇지만 '평등한 부의 배분'을 옹호하는 평등주의자들은 일반적으로 그런 자유주의적 평등이 단지 형식적인 것이어서 말로는 평등을 말하지만 실제로는 그렇지 않다고 주장한다.
 물론 자유주의자들이 말하는 법적 평등이란 바람직한 세상의 존재 방식을 설정해 놓고 그것을 지향하거나 재산의 동일한 분배 상태를 추구하는 것은 결코 아니다. 그들은 실제 일반 사람들이 무엇을 생각하고 어떻게 행동하는가에 관심을 둔다. 평등에 관한 자유주의적 접근이 실제적 평등인지 아니면 단지 형식적 평등으로 평가하는지에 대한 판단은 사람들이 법적 절차에 따른 행동을 얼마나 중요하게 여기느냐에 달려 있다.

　평등하게 만드는 것이 도덕적 의무인가 하는 철학적 질문이 명확히 설정되고 적절히 제기되기 전에도, 그런 철학적 논쟁은 활발히 전개되어 왔다. 도덕 의무와 실제 행동하는 논리에 관한 체계적 분석이 시도되기 이전의 수천 년 동안 동서양의 철학자들은 윤리적 강령을 제시해 왔다. 그런 노력은 데이비드 흄(Hume)에 의해 본격 시작되었고, 임마누엘 칸트(Kant)와 뒤이어 조지 무어(Moore), 알프레드 에어(Ayer), 리처드 헤어(Hare) 같은 철학자들이 그런 노력을 해왔다. 물론 지금도 규범적 논리와 실제 행동적 논리에 대한 분석이 계속되고 있다.

　평등주의자와 비평등주의자의 논쟁은 단지 평등 문제와 도덕 사이의 적정한 논리관계에만 한정된 것은 아니다. 그렇지만 평등 문제와 도덕 간의 관계를 이해하는 것은 시장교환으로 만들어진 불평등한 부의 상태를 강제적으로 재분배하는 것이 도덕적으로 정당한 것인지, 아니면 금지시켜야 하는 것인지에 대한 치열하고도 지속적 논쟁의 의미를 이해하게 만든다. 물론 평등하게 만드는 조치에는 정당한 권리를 갖춘 소유자로부터 훔친 것도 해당되느냐의 문제가 포함되는 것은 물론이고, 국가권력의 지배자나 독재자가 빼앗은 자원도 빼긴 사람에게 다시 돌려줘야 하느냐의 문제 역시 별도의 주제다.

　먼저 평등에 관한 도덕성의 문제를 다음의 간단한 질문을 통해 생각해 보자: 왜 평등은 불평등보다 도덕적으로 우월한 것인가? 평등은 선(善)한 것이고, 불평등은 악(惡)한 것인가? 여기서 거론되는 평등 문제는 태어나면서부터 부여된 평등이든, 아니면 결과의 평등이든 상관없다. 본 논쟁에 대한 도덕적 해결에 도달하려는 성실한 시도가 전개되기 위해서는 평등주의자와 비평등주의자 모두에게 그런 직접적 질문이 제기되어야 한다. 가능한 답변의 범위는 제한적이다. 평등 혹은 불평등에 대한 숫자적 비율을 거론하며 어떤 것이 다른 것보다 더 좋다거나 나쁘다고 정립하려고 시도할 것이다. 그런 설명의 예로, X : Y 의 비율은 변수 X와 Y의 값이 동일한 비율에 있을수록 도덕적으로 좋은 것이고, 그렇지 않다면 도덕적으로 나쁘다고 하는 식이다. 다시 말해, 만약 그 비율이 1 : 1인 것이 1 : 2인 것보다 좋은 것이고, 그것이 1 : 10이라면 말할 것도 없이 1 : 1의 비율이 훨씬 더 좋다는 방식이다.

그러나 그런 방식이 명확한 것처럼 보이만, 그것은 도덕적 문제를 해결한 것은 아니다. 도덕적 가치는 수학적 비율의 제시로 도출될 수 없기 때문이다. 물론 수학적 비율 자체가 윤리적으로 중립적이지만, 특정한 수학적 비율이 다른 것보다 더 우수하다고 주장하는 것은 특정한 숫자를 사용하여 '남성', '여성', '우호적이다', '완벽하다', '부족하다' 등의 분류를 시도했던 피타고라스학파의 이상한 습관만큼이나 자의적인 것이고 의미도 없다.

태생적 자질이든 교환된 결과에 따른 것이든 간에, 평등 문제보다는 사람들 간의 평등 관계가 설정되어 있느냐에 대한 평가에 초점이 맞춰져야 한다. 개인의 도덕적 지위가 평등한 상태냐, 아니면 불평등한 상태냐 하는 것에 집중되는 것이 더 의미가 있다. 달리 말하면, 어떤 사람도 다른 어떤 사람과 비교하여 더 우월하거나 더 열등한 사람이 아닌 것과 마찬가지로, 모든 사람은 다른 사람에 비해 우월한 것도 열등한 것도 아니다. 그런 전제에 기반하여, 태생적으로 동일한 자질을 가졌느냐와 결과의 평등을 주장하는 것이 과연 바람직한 것인가의 문제를 검토해 볼 수 있다. 모두를 불평등한 상태로 만들거나, 혹은 모

두를 평등한 상태로 만들기 위해 강제적으로 재분배를 해야 한다는
식으로 수렴될지도 모른다. 그러나 도덕적 지위가 동등해야 한다는 전
제와 사람들의 현실 상황 간에는 연결하기 어려운 개념 차이가 있다.
그럼에도 불구하고, 비평등주의와 평등주의에 관한 중심적 논의는 당
사자들이 평등한 도덕적 지위를 갖고 있느냐에 집중해야 한다.

　　중점적으로 보아야 할 것은, 인간의 도덕적 지위와 특정 인간이 획
득하는 재화의 양과 질, 혹은 재화 가치와 관련된 상호관계이다. 도덕
적으로 동일한 위상을 갖고 있는 두 명의 인간이 왜 아침마다 동일한
양과 질, 혹은 동일한 가치의 커피만을 마셔야 하는지를 질문해야 한
다. 다른 측면으로는, 자선을 많이 베푸는 사람과 매우 인색한 그의 이
웃이 둘 다 동일한 도덕적 지위에 있다고 가정한다고 하더라도, 과연
두 사람은 동일한 가치의 농작물을 생산하는 풍요로운 농장을 항상
똑같이 소유해야 하는지, 아니면 그럴 필요가 없는지에 대한 문제이기
도 하다.

　　도덕적 지위에서 동일하다는 것은 각 개인의 자질, 소비 혹은 소유
의 평등성과 관련하여 어떤 명확한 의미도 가질 수 없다. 도덕적으로
동일한 수준의 두 명의 체스 경기자를 생각해 보면 된다. 그들이 도덕
적으로 동일한 위치에 있다는 것은 그들이 동일한 경기능력을 가져야
한다는 것도 아니고, 모든 게임을 비겨야 하는 것도 아니다. 마찬가지
로 동일한 게임 룰에 따라 경기를 해야 한다는 사실이 그 둘 간의 게
임을 결국에는 비겨서 종료시켜야 한다는 도덕적 규정을 수반하는 것
은 아니다. 도덕적으로 동등한 지위에 있다는 것과 태생적 자질이나
남과 다른 특정한 결과물을 소유하고 있다는 것과는 어떤 직접적 관

계도 없다.

자질과 결과보다는 행동과 규칙에 집중한다면, 인간의 행동과 선택에 대한 개별적 사안, 특히 범죄행위 등과 관련해서는 의도성이 있었느냐의 여부에 따라 평가해야 한다는 것을 알 수 있다. 얼마나 많은 돈이 누구의 주머니에 있느냐, 그리고 그 돈의 양이 이웃 사람의 주머니에 있는 것보다 많은가 적은가 하는 것은 중요한 도덕적 요소가 될 수 없다. 중요한 것은, 그 돈이 어떻게 거기에 있게 되었느냐 하는 것이다. 결과를 보기보다는 과정과 행동을 보아야 한다는 뜻이다. 거대 자산가와 택시운전사를 볼 때도 그들 각각의 행동이 보편적 도덕 기준에 부합했느냐, 못했느냐에 따라서 정당성과 부당성이 평가되어야 한다. 평가 기준은 그들과 다른 사람들과의 관계에서 법적 규정과 도덕적 정당성을 준수했느냐에 달려 있어야 한다.

그들의 구체적 행동을 보는 것이 아니라 그들이 부유한가, 가난한가 하는 것에 따라 도덕적 비난과 칭송이 결정되어서는 안 된다. 결과적으로 어떤 위치에 있었느냐에 따라 훌륭한 행동이든 나쁜 행동이든, 덕(德)이든 악(惡)이든, 혹은 정의든 부당함이든, 전혀 다른 기회가 열리게 마련이다. 따라서 어떤 행동을 했느냐가 그 인간을 규정짓는 것이어야지, 자질과 결과를 가지고 인간이 규정되어서는 안 된다.

평등한 기준을 적용한다는 것은 사람의 행동을 평등한 도덕적 지위에서 도덕적 실천을 하고 있느냐 하는 것만을 본다는 의미이다. 물론 도덕적 평등이란 택시운전사에 의한 것이든 거대 자산가에 의한 것이든 범죄는 범죄로 판단한다는 의미다. 마찬가지로 이윤을 만들고

자 수행하는 정직한 무역이란 그것이 두 명의 택시운전사에 의해 수행되었건 두 명의 거대 자산가에 의해 이루어졌건, 아니면 거대 자산가와 택시 운전사가 함께 이룬 것이건 간에, 그것과는 아무 상관없는 정직한 무역이 되는 것이다.

다시 부와 평등간의 관계 문제로 돌아가 보자. 부를 소유하는 방식은 정당한 행위와 강제적 결과를 만드는 방법 모두 가능하다. 자유시장적 교환은 더 큰 불평등과 더 큰 평등을 초래할 수 있지만, 국가 간섭과 정부에 의한 재분배 역시 더 큰 불평등이나 더 큰 평등을 만들 수 있다. 부와 평등의 상호관계에서는, 원래부터 평등하거나 원래부터 불평등한 것은 없다. 부의 창출은 다른 사람에게도 혜택을 준다. 당연히 부를 창출하는 기업가는 다른 사람보다 더 많은 것을 가질 수도 있고, 더 크게 망할 수도 있다. 시장은 번영을 확산시키는 방식으로 평등으로 이끌기도 하지만, 과거로부터 물려받은 권력자들의 정당하지 않은 기득권을 폐기시킴으로써 자유시장적 교환은 더 큰 평등을 만들기도 한다.

강도는 다른 사람의 것을 도둑질해서 희생자보다 많은 것을 소유할 수 있다. 그런 불법적 방식은 큰 불평등을 초래하기도 하지만, 다른 한편으로 보면 평등을 만드는 것이라고 주장되기도 한다. 마찬가지로 조직화된 강제 권력인 국가의 간섭도 거대한 부의 불평등을 초래할 수 있다. 대개 그런 것들은 특정 사업에 대한 국가의 보호주의나 정부 보조금 혹은 정부 보조금을 받고자 행하는 '지대 추구' 등의 방식으로 발생한다. 물론 공산주의 지배 하에 있던 나라에서 나타났던 야만적인 폭력과 강제력으로 그런 불평등을 만들 수도 있다. 수십 년간의 뼈아픈 경험 사례가 잘 보여주듯이, 국가가 나서서 평등을 만들려고 하는 것은 실제로는 강제적 불평등을 만드는 것이다.

법적, 경제적 시스템이 소득의 평등에 기여하는가 그렇지 못한가 하는 것은 실증적 문제이지 개념의 문제는 아니다. 세계 경제자유 보고서(The Economic Freedom of the World Report)는 경제적 자유 수준을 측정하고 경제자유 수준과 평균수명, 문맹률, 부패지수, 1인당 소득 등 경제적 복리와 관련된 다양한 지표와 비교한 바 있다. 그 지표가 보여준 것은, 경제적으로 가장 자유가 보장되는 체제를 가진 국가의 거주자가 경제 자유가 덜 보장된 나라의 거주자보다 훨씬 더 부유하다는 사실이다.

최하위 10% 인구가 벌어들이는 국민소득의 몫을 나라별로 비교해 보면, 소득 불평등은 국가별 정책적 차이에서 비롯된 것이 아니라는 것을 보여준다. 2008년 기준으로 세계 국가들을 25%씩 4등분해서 분류해 볼 때, 자유지수 최하위 25%에 해당하는 잠비아, 미얀마 그리고 시리아와 같은 나라의 최하위 10% 인구가 차지하는 평균적 국민소득 몫은 2.47%였다. 그 위의 차상위 25%에 해당하는 나라의 최하위 소득 인구 10%가 차지하는 몫도 2.19%였다. 거의 차이가 없다. 마찬가지로 가장 자유로운 국가그룹의 하위 10% 인구의 몫도 2.58%였고, 두 번째 높은 경제 자유 국가그룹의 최하위 10% 인구의 소득 몫도 2.27%였다. 부유한 나라든, 가난한 나라든 그 편차는 거의 의미가 없었다.

결론적으로, 소득 불평등은 국가별 경제정책에 따라 달라지는 것이 아니라는 것을 보여준다. 그러나 분명한 사실이 있다. 최하위 10%의

극빈계층이 받는 소득액은 서로 어마어마하게 다르다는 것이다. 자유 수준이 최하위인 국가그룹의 가장 가난한 10% 국민의 연평균 소득은 910달러밖에 안 되지만, 가장 자유로운 경제체제의 최하위 10% 국민의 평균소득은 무려 8,474달러나 된다. 어느 사회에서나 소득의 차이는 다 있지만, 똑같은 빈곤계층이라 하더라도 시리아에서 가난한 것과 스위스에서 가난한 것은 차원이 다르다. 그것이 의미하는 것은 불평등 문제를 해결하기 위한 경제정책을 적극적으로 했느냐, 안 했느냐하는 것이 아니라 자유로운 경제체제를 만들었느냐, 그렇지 못했느냐 하는 것이 훨씬 중요한 것이다.

자유 교환의 시장경제에서 태생적으로 동일한 자질과 재산을 가졌느냐 아니냐 하는 것은 결코 도덕적 문제가 될 수 없다. 도덕적으로 훨씬 중요한 것은 모두가 더 좋은 결과를 만들어 내고자 노력하는 상황에서, 모든 사람들을 도덕적으로 동등하게 대우하지 않거나, 혹은 법을 동등하게 적용하지 않는 것이다. 그런 것이야말로 중요한 도덕적 평등에 대한 위반이고 침해이다.

부의 불평등에 관한 중대 문제는 경제적 자유가 있는 사회 내의 부자와 가난한 사람들 간의 불평등이 아니라, 경제적 자유가 있는 사회와 경제적 자유가 없는 사회 간의 거대한 부의 격차 문제이다. 경제적 자유의 존재 여부에 따라 만들어진 부와 가난의 격차 문제는 경제정책을 변화시키는 것처럼 제도와 룰을 바꾸면 해결되는 문제이다.

경제적 자유가 없는 사람을 자유롭게 하는 것이 바로 거대한 부를 창출하는 방법이다. 경제적 자유를 부여하는 것은 우리가 상상할 수 있는 다른 어떤 정책을 새롭게 구상하는 것보다 세계의 부와 가난의 격차를 좁히는 데 더 크게 기여할 것이다.

자유가 부여됨으로써 연고주의, 국가주의, 군사주의, 사회주의, 부패, 그리고 야만적 폭력과 같은 잘못된 통치가 자행되는 나라의 사람이 겪는 불평등한 대우 문제는 제거될 것이다.

나아가 정의의 실현이라는 긍정적 결과까지 얻게 된다. 경제적 자유야말로 정의에 대한 평등한 기준이자 모든 사람이 생산하고 교환할 권리에 대한 평등한 존중이며, 인간이 도덕적 존재가 되기 위한 근본적 토대인 것이다.

3. 아담 스미스와 탐욕이란 신화
(Adam Smith and the Myth of Greed)

탐 팔머(Tom G. Palmer)

탐 팔머는 다음 글에서 아담 스미스(A. Smith)가 "이기심(self interest)"을 갖고 행동하기만 하면 번영을 이뤄낼 것이라고 주장했다고 하는 잘못된 통념을 바로 잡는다. 그런 왜곡된 의미로 아담 스미스를 인용한 사람들은 그의 책에서 인용되어온 몇 개 구절 이상을 읽어 본 적이 없을 듯하다. 그들은 아담 스미스가 제도(institutions)의 역할을 강조했다는 것을 알지 못한다. 또한 이기적 행동이 국가란 강제적 기구와 연결되는 경우에 발생하는 부정적 결과를 얼마나 강조했는지도 알지 못한다.

법치, 소유권 확립, 자유계약과 자유교환이 보장되는 곳에서는 이기심이 상호 이익을 가져다주는 것이 명확하지만, 소유권이 무시되거나 무법적 상황에서의 이기심은 전혀 다른 결과를 가져오고, 매우 잘못된 방향으로 이끈다는 것도 명백한 사실이다.

흔히 인용되는 말의 하나는, 아담 스미스가 사람들이 이기적으로 행동하기만 하면 모든 것이 다 잘 될 것이라고 말했다는 것이다. 달리 말하면 "탐욕이 세상을 돌아가게 한다"고 했다는 것이다. 그러나 아담 스미스는 이기적 동기를 따르는 것만으로 세상이 보다 나아진다고는 생각하지 않았다. 그리고 이기적 행동을 독려하거나 고무한 것도 아니었다.

『도덕 감정론(The Theory of Moral Sentiments)』에서 아담 스미스는 "공정한 관찰자"의 역할에 관해 집중적으로 논의하고 있는데, 그것을 본다면 그에 대한 오해를 바로잡게 될 것이다. 아담 스미스는 이기심의 옹호자가 아니었던 것은 물론이지만, 그렇다고 타인을 위한 사심 없는 헌신이나 또 그렇게 하겠다는 공언이 세상을 더 좋게 만든다고 생각할 만큼 순진하지도 않았다. 스티븐 홈스(S. Holmes)가 그의 글 '이기심의 비사(祕史)'(The Secret History of Self-Interest)[33]에서 잘 지적했듯이, 아담 스미스는 선망, 악의, 복수, 질투와 같은 '이익과 무관한(disinterested)' 열정이 만드는 파괴적 결과까지도 아주 잘 이해하고 있었다.

과거 스페인의 종교 이단자에 대한 심문소(Spanish Inquisition)에서 활동했던 '이익과 무관한' 광신도들은 죽어가는 이단자들이 고통의 마지막 순간에는 진정 후회하고 신의 은총을 받을지도 모른다는 희망을

---

33) "The Secret History of Self-Interest," in Stephen Holmes, *Passions and Constraints: On the Theory of Liberal Democracy* (Chicago: University of Chicago Press, 1995).

갖고 종교재판에 임했다. 그들은 그것이 신에게 구원받게 하는 중요한 행위라고 알고 있었기 때문이다. 이단자 심문 방법에 대한 책을 쓴 움베르트 드 로만스(Humbert de Romans)는 책에서 "이단자 당신이 우리와 함께 신을 믿고, 당신을 비롯한 죄인들에게 부과한 처벌을 신의 은총으로 견뎌내도록 신에게 청하고, 끝내 구원에 이를 수 있기를 바란다. 이에 따라 우리는 처벌을 수행한다"[34]며 이단자 처벌을 정당화했다.

그러나 아담 스미스가 말했던 것은 분명하다. 타인을 위해 그렇게 한다는 식의 자기 이익과 무관한 헌신이 목마르고 굶주린 사람에게 맥주와 생선을 팔아서 부유하고 싶어하는 소위 '이기적인' 상인보다 도덕적 우위에 있다고 단언할 수 없다는 것이다.

전체적으로 보더라도 아담 스미스는 결코 이기적 행동을 지지한 것이 아니다. 왜냐하면, 그는 이기적 동기에 따른 행동들이 "보이지 않는 손"처럼 보편적 선(general good)을 구현하게 될 것인가에 대한 문제는 상당 정도 행동의 맥락, 특히 제도적 환경에 좌우된다고 보았기 때문이다.

다른 사람이 자기를 좋아해 주기를 바라는 자기중심적인 욕구는 우리로 하여금 타인들에게 어떻게 보여질지에 대해 생각하게 함으로써 때로는 도덕적인 행동을 하게 만든다. 『도덕 감정론』에서 전형적으로 묘사된 바와 같이, 소규모 대인관계에서의 이기적 동기로 행동하는 것은 보편적 이익(general benefit)에 기여한다. 왜냐하면 "우리가 남들로

---

34) Christine Caldwell Ames, *Righteous Persecution: Inquisition, Dominicans, and Christianity in the Middle Ages* (Philadelphia: University of Pennsylvania Press, 2008), p. 44.에서 인용.

부터 호의적 감정의 대상이 되고자 하고, 가장 좋아하고 존경하는 사람으로 존경받기를 바라는 욕구"가 "자기 행동과 성격에 대한 공정한 관찰자가 되도록"[35] 만들기 때문이다.

따라서 과한 이기심도 적절한 제도적 환경에서는 다른 사람에게 이익을 가져다줄 수 있다. 부자가 되고 싶은 욕심으로 쉬지 않고 일했던 가난한 사람이 고된 노동으로 일관된 삶을 다 살고 나서 되돌아보면 길가의 거지보다 더 행복했던 것만은 아니었다는 것을 깨달을 수도 있다. 그렇지만 아담 스미스는 이기심조차도 올바른 제도적 환경만 주어지면 다른 사람에게 이익이 된다는 점을 분명히 했다. 왜냐하면 가난한 사람의 과도한 이기심 추구가 다른 많은 사람들의 생활을 윤택하게 만드는 부를 생산하고 결과적으로 인류에 혜택을 주기 때문이다. 달리 표현하면, "인류의 노동으로 대지는 자연상태의 비옥도(肥沃度)보다 훨씬 좋아졌고, 그렇게 비옥해진 대지 때문에 보다 많은 사람이 더 윤택하게 살아갈 수 있게 된"[36] 것이다.

『국부론』(An Inquiry into the Nature and Causes of the Wealth of Nations)

35) Adam Smith, *The Theory of Moral Sentiments*, ed. D.D. Raphael and A.L. Macfie, vol. I of the Glasgow Edition of the Works and Correspondence of Adam Smith (Indianapolis: Liberty Fund, 1982). Chapter: a chap ii: Of the love of Praise, and of that of Praise.worthiness; and of the dread of Blame, and of that of Blame.worthiness; Accessed from http://oll.libertyfund.org/title/192/200125 on 2011-05-30.

36) Adam Smith, *The Theory of Moral Sentiments*, ed. D.D. Raphael and A.L. Macfie, vol. I of the Glasgow Edition of the Works and Correspondence of Adam Smith (Indianapolis: Liberty Fund, 1982). Chapter: b chap. i b: Of the beauty which the appearance of Utility bestows upon all the productions of art, and of the extensive influence of this species of Beauty; Accessed from http://oll.libertyfund.org/title/192/200137 on 2011-05-30.

에서 언급된 많은 구절, 특히 국가 제도와 관련된 많은 내용들은 경제
적 목적을 위해 정치에 의존하는 것과 같은 이기심의 추구 행위는 결
코 긍정적 효과를 낼 수 없다고 지적하고 있다. 예를 들어, 상인의 잘
못된 이기심은 국가에 압력을 가하여 카르텔이나 보호주의를 만들기
도 하고, 심지어 전쟁을 유발하기도 한다고 했다. 아담 스미스는 "자유
거래가 영국 내에서 완벽하게 구현되기를 기대하는 것은 마치 이상적
국가나 유토피아(Utopia)가 영국에 만들어지는 것을 기대하는 것만큼이
나 터무니없는 것이다. 일반 대중의 편견 때문은 물론이고 통제할 수
없는 수많은 개인들의 사적 이익은 그런 자유 거래를 반대할 것이
다"[37]라고 했다. 독점을 통해 얻게 될 수도 있을 상인들의 작은 이익
때문에 제국이 만들어지고 전쟁이 일어나는 것에서 보듯이, 그런 특수
이익은 일반 대중에게 참담한 희생을 지우며 얻어지는 것이다. 그와
관련하여 아담 스미스는 다음과 같은 사실도 지적했다:

"아메리카 식민지의 운영을 위한 법체계 때문에 식민 모국인 영국 소
비자들은 훨씬 많은 규정에 의해 보호받는 생산자들의 이익을 위해 희생
되고 있는 것이다. 그런 측면에서 보면, 대제국을 건설하는 목적도 오직
생산자가 공급하는 상점의 상품만 구매하도록 강제하게 만드는 소비자
집단의 크기를 확대하는 데 있다. 그런 독점체제를 유지하여 생산자에게

---

37) Adam Smith, *An Inquiry Into the Nature and Causes of the Wealth of Nations*,
Vol. 1 ed. R.H. Campbell and A.S. Skinner, vol. II of the Glasgow Edition of
the Works and Correspondence of Adam Smith (Indianapolis: Liberty Fund:
1981). Chapter: [IV.ii] CHAPTER II: Of Restraints upon the Importation from
Foreign Countries of such Goods as can be Produced at Home. Accessed from
http://oll.libertyfund.org/title/220/217458/2313890 on 2010-08-23.

약간의 가격인상 혜택을 부여하기 위해 식민 모국의 소비자들은 거대 제국을 유지하고 방어하는 데 드는 막대한 비용을 부담하고 있는 격이다. 이런 목적만을 위해 지난 두 번의 전쟁에서 2억 파운드 이상이 지출되었고, 그 이전 부채에 더해 다시 1억 7천만 파운드 이상의 빚이 추가되었다. 이런 국채에 대한 이자만 하더라도 식민지 무역을 독점하는 것으로 얻어진 총이익보다 더 큰 것은 물론이고, 매년 식민지로 수출되는 상품 가치, 또는 평균적인 무역의 총가치보다도 더 크다."[38]

따라서 올리버 스톤의 영화 월스트리트(Wall Street)에 나오는 허구의 인물인 고든 게코(Gordon Gecko)의 말처럼, 과연 "탐욕이 선(善)"인지의 여부와 관련하여 아담 스미스의 답변은 다음과 같다: 모든 이기적 행동이 "탐욕"이라고 말한다면, 그 말은 "때로는 맞지만, 때로는 맞지 않다"는 것이다. 그 말이 맞느냐 틀렸느냐의 차이는 오직 제도적 환경(institutional setting)에 달려 있다.

그렇다면 시장이 이기적 행동을 부추긴다는 견해, 달리 말해서, 교환을 통해 다른 것을 얻고자 하는 심리적 태도가 이기심을 부추긴다는 견해를 어떻게 보아야 하는지의 문제가 대두된다. 먼저 시장의 자유 교환을 방해하거나, 혹은 시장에 개입하여 시장을 붕괴시키는 국가

---

38) Smith, *An Inquiry Into the Nature and Causes of the Wealth of Nations*, Vol. 1 ed. R.H. Campbell and A.S. Skinner, vol. II of the Glasgow Edition of the Works and Correspondence of Adam Smith (Indianapolis: Liberty Fund: 1981). Chapter: [IV.viii] CHAPTER VIII: Conclusion of the Mercantile System. Accessed from http://oll.libertyfund.org/title/200/217484/2316261 on 2010-08-23.

가 지배하는 사회에 나타나는 것 이상으로, 시장에서의 교환활동이 인간을 더 탐욕스럽게 만들고 이기심을 부추긴다는 논리는 이해하기 어렵다.

실제로 시장은 가장 이타적인 사람은 물론이고 가장 이기적인 사람들까지도 평화적으로 자기 목적을 실현시키는 것을 가능하게 한다. 심지어 부의 축적을 목적으로 하는 사람 못지않게 다른 사람을 돕는 데 자기 삶을 바치는 사람조차도 시장을 자신의 목적 실현에 활용한다. 부의 축적이 목적인 사람들 중의 일부는 다른 사람을 도울 능력을 증대시킬 목적으로 부를 축적한다. 조지 소로스(George Soros)와 빌 게이츠(Bill Gates)도 그런 사례이다. 다양한 자선활동으로 다른 사람들을 도울 능력을 증대시키기 위해 엄청난 돈을 벌었다고도 평가할 수 있다. 이윤을 만들겠다는 목적에 의해 창출되어진 거대한 부가 그들을 자선활동에 나설 수 있게 만든 것이다.

박애주의자나 성인들은 보다 많은 사람들을 먹이고, 입히고, 안락하게 하는 데 부(富)가 사용되기를 원한다. 남의 도움이 필요한 사람을 돌보기 위한 담요, 음식, 약품을 가장 싼 가격에 찾을 수 있게 만드는 것도 시장이다. 시장은 불운한 사람들을 돕는 데 사용될 부의 창출을 가져올 수도 있고, 자선을 베푸는 사람들로 하여금 다른 사람을 도울 능력을 극대화시키도록 만들기도 한다. 따라서 시장이란 자선을 베푸는 사람들로 하여금 그런 자선을 가능하게 만드는 장(場)이기도 하다.

많은 사람이 흔히 범하는 실수는, 사람이 추구하는 목적을 전적으로 그들의 "이기심(self-interest)" 때문이라고 규정하는 것이다. 그 경우

"이기심"은 "이기주의(selfishness)"와 혼동되게 된다. 우리는 시장에서 자신의 이익을 위해 행동하는 것은 맞지만, 마찬가지로 가족, 친구, 이웃 그리고 우리가 만나지 못했던 낯선 사람들의 이익과 복리에도 관심을 갖는다. 실제로 시장은 완전히 낯선 사람을 포함한 다른 사람들의 요구를 고려하게끔 만든다.

필립 위크스티드(P. Wicksteed)는 시장 교환에서 나타나는 동기들(motivations)의 미묘한 차이를 설명한다. 예를 들면, 가난한 사람을 위해 음식을 사러 시장에 갈 수도 있기 때문에, 시장 교환에 참여하는 동기를 설명하는 방식으로 '이기주의'라는 표현 대신에 '모르는 사람처럼 대하기(non-tuism)'라는 용어를 사용한다.[39] 거래를 하면서 상대방의 이익에 관심을 두지 않으며, 이기적이지도 이타적이지도 않다는 의미이다.

우리는 친구나 아주 낯선 사람을 도와줄 돈을 모으기 위해 상품을 사고 팔 수도 있다. 그리고 최고가나 최저가로 흥정할 때, 흥정 상대의 복지에 관심을 두고 그렇게 하는 것도 아니다. 그러나 실제로 그렇게 한다면, 그것은 교환의 속성을 복잡하게 만드는 거래에 해당한다. 그것은 엄밀한 의미로 기부이다. 요구되는 것보다 의도적으로 더 많이 지불하는 사람들은 좋은 사업가가 아닌 것은 분명하다. 액튼(H.B. Acton)이 그의 책 『시장의 도덕(The Morals of the Markets)』[40]에서 잘 언

---

39) "경제적 관계의 특수한 성격은 '이기주의'가 아니고 '서로 모르는 사람처럼 대하기'(non-tuism)이다." Philip H. Wicksteed, *The Commonsense of Political Economy, including a Study of the Human Basis of Economic Law* (London: Macmillan, 1910). Chapter: CHAPTER V: BUSINESS AND THE ECONOMIC NEXUS. Accessed from http://oll.libertyfund.org/title/1415/38938/104356 on 2010-08-23.

40) H.B. Acton, *The Morals of Markets and Related Essays*, ed. by David Gordon

급했듯이, 손해를 보며 사업하는 것은 자애를 베푸는 방식 중에서 가장 어리석고 바보 같은 짓이다.

산업과 상업에 종사하는 것보다 정치 참여를 높게 평가하는 사람들에게 정치 참여란 커다란 해(害)가 되는 것이고 결코 이로울 것이 거의 없다는 사실을 상기해 줄 필요가 있다. 아담 스미스 훨씬 이전에 볼테르(Voltaire)가 그 차이를 명확히 지적했다.『영국 서간』(Letters Concerning the English Nation)에 들어 있는 그의 글 "무역에 관하여(On Trade)" ── 영어를 유창하게 했던 볼테르는 먼저 영어로 썼고, 나중에 다시 불어로『철학 서간』(Letters Philosophiques)이란 제목으로 출판했다 ── 에서 볼테르는 다음과 같이 지적했다.

"프랑스에서 후작(Marquis)과 같은 직위는 남들을 위해 기여한 것이 없어도 그 직위를 받아들일 의사가 있는 사람에게 부여된다. 그래서 먼 지방에서 많은 돈을 갖고 파리(Paris)로 온 사람은 누구나 그 작위를 받고서는 으스대며 '나는 이런 사람이야!'라고 하거나 '나는 지위 높은 고위 인사야!'라며 자랑한다. 그러면서 그들은 장사하는 사람을 몹시 경멸하고 무시한다.

다른 한편, 장사하는 사람은 그의 직업이 그렇게 무시당하는 것을 들으면 어리석게도 얼굴을 붉힌다. 그러나 사회에 가장 유용한 것이 무엇인지는 전혀 다른 문제이다. 과연 국왕의 문간방에서 노예처럼 살면서 최신 유행으로 화장하고, 왕이 몇 시에 일어나고 잠드는지를 정확하게 알고자 하는 것에 관심을 두며, 위엄 있는 체 거드름을 피우는 귀족이 사회에 유

---

and Jeremy Shearmur (Indianapolis: Liberty Fund, 1993).

용한가? 아니면, 회계사무소에서 일하며 인도 수라트나 이집트 카이로와
연락을 취하며 무역을 하고 국가를 부강하게 만들면서 세상의 행복에 기
여하는 상인이 더 기여하는가? 이는 비교해 봐야 할 문제이다."[41]

이러 저러한 것들에 대해 열변을 토하고 비평하면서 자신을 과시
하는 정치인과 지식인들이 상인과 자본가들을 경멸할 때 상인과 자본
가들은 결코 부끄러워해서는 안 된다. 왜냐하면 정치인들이 조세로 가
져다 쓰는 것이나, 장사하는 사람을 경멸하는 반자본주의적 지식인이
탐욕스럽게 소비하고 있는 모든 부는 결국 상인, 자본가, 노동자, 투자
자, 기술자, 농부, 발명가 그리고 건설업자와 같은 생산자들이 창출한
것이기 때문이다.

정치가 이기적인 사람들에 의존하고 그들을 전제하는 것과 마찬가
지로, 시장(market)도 이기적인 사람들에 의존하고 이기적인 사람들이
존재하는 현실 속에서 작동되는 것이다. 정치인 및 지식인과 상인들
간에 차이는 없다. 특별히 이기적 행동과 탐욕이 시장에서만 더욱 독
려되는 것은 아니다. 그러나 분명한 것은, 정치와는 달리 시장에서는
자율적으로 참여하려는 사람들 간의 자유 교환을 통해 부(富)와 평화
가 생산된다는 사실이다. 시장이 만드는 부와 평화를 토대로 해서 관
대함이나 우정과 사랑도 넘쳐나게 되는 것이다.

그런 측면에서 아담 스미스가 말했던 이기심의 의미를 제대로 이
해할 때 비로소 그와 관련하여 언급해야 할 중요한 것이 무엇인지를
알게 된다.

---

41) Voltaire, *Letters Concerning the English Nation*, ed. Nicholas Cronk (Oxford:
Oxford University Press, 1999), p. 43.

4. 도덕 혁명: 아인 랜드가 본 자본주의
(Ayn Rand and Capitalism: Moral Revolution)

데이비드 켈리(David Kelley)

객관주의 철학자 데이비드 켈리(David Kelley)는 다음의 글에서 현대 세계의 토대를 완성시킨 자본주의로 인해 가능해진 각종 혜택을 지속시키기 위해서는 "제4의 혁명"이 필요하다고 제안한다.

켈리는 객관주의 철학의 발전과 보급을 증진하는 '아틀라스 소사이어티(The Atlas Society)'의 집행 이사이다. 『감각의 증거(The Evidence of the Senses)』, 『추론의 방법(The Art of Reasoning)』 —미국에서 가장 널리 사용되는 논리학 교재의 하나—, 『자기 자신의 삶: 기본권과 복지국가(A Life of One's Own: Individual Rights and the Welfare State)』 등의 저자이기도 하다. 그는 바사르대학과 브랜다이즈대학에서 철학을 가르쳤고, 하퍼 및 배론 출판사는 물론이고 하버드 비지니스 리뷰(Havard Business Review) 등 유명한 출판사를 통해 폭넓게 책을 발간해 왔다.

다음의 글은 2009년 봄, 〈새로운 개인주의(The New Individualist)〉

에 게재된 것을 저자의 허락 하에 게재한 것이다.

　"우리에게는 세상을 다시 시작할 힘이 있다."
　　　　── 토마스 페인, 〈상식〉, 1792

　예상된 바대로 2008년 전후 금융시장 위기는 자본주의에 대한 반감을 폭발시켰다. 정부 규제가 위기의 주요 원인이란 사실에도 불구하고, 반자본주의자들과 그 옹호자들은 언론을 통해 시장을 비난하며 새로운 규제를 만들 것을 요구했다. 금융위기에 따라 정부는 유례없는 정도로 시장개입을 단행했고, 그에 따른 새로운 경제적 통제는 월스트리트 금융가는 물론이고 다른 부문까지 확대되고 있다.

　생산에 대한 규제와 무역에 대한 규제는 혼합경제 체제에서 정부가 하는 두 가지 기본적인 개입 중의 하나이다. 또 다른 하나는 소득과 부(富)를 한 쪽의 사람들로부터 다른 쪽의 사람들에게로 넘겨주는 소득재분배이다. 재분배 방식에서 반자본주의자들은 부자들에게 새로운 세금을 부담시키면서도 의료보장보험(guaranteed health care)과 같은 새로운 권리를 당연시 여기는 기회로 삼았다. 버락 오바마(B. Obama) 대통령의 당선과 함께 경제위기를 기회로 삼아 억눌려왔던 재분배 요구가 분출되었다. 과연 그런 요구는 어디에서 출발하는 것인가? 그 문제에 근본적으로 답하기 위해서는 자본주의의 기원으로 돌아가서 재분배 요구의 본질에 대해 보다 면밀하게 분석해 볼 필요가 있다.

자본주의체제는 1750년부터 1850년까지 세 개의 혁명의 결과로 발달해 왔다. 첫 번째 혁명은 자유주의의 승리였다. 특히 모든 인간에게 기본권이 보장되어야 하는 것은 물론이고, 정부는 재산권을 비롯한 개인의 기본권을 보호하는 역할을 최우선해야 한다는 정치혁명이었다.

두 번째 혁명은 아담 스미스(A. Smith)의 『국부론』이 가장 잘 제시했듯이 경제질서를 바라보는 새로운 이해 방식의 탄생이다. 스미스는 각 개인이 자유롭게 자신의 경제 이익을 추구하게 될 때 그 결과는 혼란이 아니라 자생적 질서의 형성으로 귀결된다고 간파하였다. 즉, 시장경제에서 자기 목적에 따라 행동하는 개인의 활동들은 자연적으로 상호 조정될 뿐만 아니라, 정부가 주도하는 경제 관리체제보다 더 많은 부를 생산한다는 것이었다.

세 번째 혁명은 물론 산업혁명이다. 기술 혁신은 인간의 생산능력을 고도로 배가시킬 수 있는 수단을 제공했다. 기술 혁신은 개개인의 생활수준을 향상시켰을 뿐만 아니라, 영민하고 적극적인 개인들에게 전에는 상상도 할 수 없었던 재산을 보유하고 활용할 수 있는 가능성과 기회를 만들어 주었다.

기본권 보장이라는 정치혁명의 승리는 도덕적 이상주의라는 정신을 수반했다. 그것은 폭정(暴政)으로부터의 인간해방이면서도 사회적 지위와 관계없이 모든 개인은 그 자체로 가치가 있다는 인식의 정착으로 나타났다. 그렇지만 도덕적 시각에서 볼 때, 경제혁명은 아주 모호한 용어로 표현되었다. 경제체제로서의 자본주의는 보통 부도덕한 것처럼 간주되었기 때문이다. 이기심과 탐욕에 반대하는 기독교적 교리(Christian injunction)의 영향으로 부(富)에 대한 욕구는 자제되도록 강요되었다. 그러나 초기의 자생적 경제질서에 대한 연구자들은 오히려 도덕적 역설이 존재한다는 것을 인식하기 시작했다. 버나드 맨더빌(B. Mandeville)이 제시했듯이, 개인적으로는 악(惡)인 것처럼 비춰지는 것들이 실제로는 공적 이익을 생산하게 된다는 역설이 그것이다.

시장 비판자들은 언제나 시장의 도덕성(morality)에 대해 부정적이다. 대부분의 시민사회 운동은 자본주의가 이기심, 착취, 소외와 불공정을 야기시킨다는 논리에 기반을 두고 있다. 그런 잘못된 신념은 '사회 정의'라는 이름으로 정부 정책과 프로그램을 통해 소득 재분배를 달성하기 위한 복지국가가 추진되어야 한다고 믿게 만든다.

흔히 통용되고 있는 것처럼, 자본주의는 도덕적으로 모호한 것이 아니다. 자본주의는 자본주의가 만들어 낸 번영 사회로 평가받아야 할 뿐만 아니라, 정치적이고도 지적인 자유가 가능할 수 있도록 필요한 전제조건을 만든 것에 대해서도 평가받아야 한다. 그렇지만 자본주의 옹호자들 가운데 누구도 자본주의적 삶의 방식, 즉 생산과 무역을 통한 자기 이익의 추구가 도덕적으로 명예로운 것이고, 고귀하면서도 이상적인 것이라는 사실을 주장하지 않는 것이 현실이다.

시장에 대한 도덕적 반감이 어디에서 왔는가 하는 것은 매우 명백하다. 일반적인 문화에서와 마찬가지로, 시장에 대한 반감은 서구 문화에 깊이 뿌리내린 이타주의적(利他主義的) 윤리로부터 출발한 것이다. 이타주의적 기준에 따르면, 자기 이익(self-interest)을 추구하는 것은 도덕성의 영역 밖에 있는 것이다. 아무리 잘 해야 중립적인 것으로 평가받고, 최악의 경우에는 죄악(罪惡)으로 평가된다. 시장에서 성공했다는 것은 자발적인 교환과 다른 사람의 요구를 충족시켜 준 결과로 서 이뤄질 수 있는 것이 분명함에도 불구하고, 성공한 사람은 마치 자기 이익만을 실현하기 위해 그런 행위를 한 것으로 평가된다. 윤리적 평가에 있어서도, 결과보다는 동기가 무엇이었느냐에 훨씬 더 관심을 가진다.

일반적 의미로 본다면, '이타주의'란 다른 사람에게 친절함과 예의를 베푼다는 것 이상을 의미하지 않는다. 그러나 역사적으로나 철학적으로 이타주의의 실제 의미는 자기희생이다. 그 용어를 사용하는 사람에게 있어, 이타주의는 보다 큰 사회 전체를 위해 자신을 희생시키는 것을 의미한다.

아인 랜드(Ayn Rand)가 간파했듯이, "이타주의의 기본 원칙은 자신을 위해 존재할 권리가 없다는 것이기도 하다. 다른 사람을 위한 서비스가 그의 존재를 유일하게 정당화시키는 것이 된다. 자기 희생이 가장 고귀한 도덕적 의무이자 미덕이고 가치가 된다"고 했다. 그에 따라, 어느덧 이타주의는 부의 재분배를 위한 정부 프로그램을 옹호하는 데 사용된다. 이타주의가 '사회 정의'라는 다양한 개념을 위한 논리적 토대가 된 것이다. 부의 재분배 프로그램은 다른 사람을 지원해야 한다는 논리에 따라 세금을 내는 사람들에게 강제적 희생을 요구한다. 결국 이타적 프로그램은 다른 사람을 지원할 목적을 위한 공동 자원으로서 다른 개인들을 수단으로 활용한다는 것을 보여준다. 특정인을 지원한다면서 또 다른 특정인들을 수단으로 삼는 것이다.

이것이 바로 자본주의 옹호자들이 도덕적 근거를 제시하면서 이타주의를 내세우고 있는 프로그램들에 반대하는 근본적인 이유이다.

사회 정의에 대한 요구
(Demands for Social Justice)

사회 정의에 대한 요구는 두 가지 다른 형태를 취한다. 하나는 복지주의(welfarism)이고 다른 하나는 평등주의(egalitarianism)이다.

복지주의(福祉主義)에 따르면, 모든 개인은 생존하기 위하여 생활필수품에 대한 일정한 권리를 갖고 있다는 것이다. 예를 들면, 최소한의 음식, 주거, 의복, 의료보장, 교육 등이 그것이다. 모든 구성원들이 생활 필수품에 접근하는 것이 보장되도록 만드는 것이 사회적 책임이라고 주장한다. 그러나 자유주의적 자본주의는 모두에게 그런 것을 보장하지는 않는다. 따라서 복지주의자들은 자본주의가 도덕적 책임을 충족시키는 데 실패했다고 공격하면서, 자신의 노력만으로는 살 수 없는 사람에게 기본적 재화를 제공할 국가의 조치가 수반되어야 한다고 말한다.

다른 한편으로, 평등주의(平等主義)는 사회가 만든 부를 모두에게 공평하게 분배해야 한다고 한다. 사람들 중 일부는 그 소득이 다른 사람보다 15배, 50배, 100배 더 많은 것은 불공평하다고 말한다. 그런데 자유주의적 자본주의는 그런 소득과 부의 차이를 용납하고, 오히려 권장하고 있다면서, 그것은 정당하지 않다는 것이다.

평등주의의 특징은 소득분배에 있어서 통계를 사용한다는 것이다. 예를 들어, 2007년 미국에서 소득 최상위 20% 가구는 전체 소득의

50%를 벌어들였는 데 반해, 최하위 20% 가구는 불과 3.4%만 벌어들였다는 사실을 거론하면서 평등주의는 그 차이를 줄이는 것에 목표를 둔다. 보다 평등한 사회를 향한 변화는 공평한 소득으로 실현된다고 간주한다.

사회 정의에 대한 복지주의와 평등주의의 차이는 절대 수준의 복지와 상대 수준의 복지 실현 간의 차이이다.

복지주의자는 모든 사람들이 일정 정도로 최소의 생활수준이 가능해야 한다는 것이다. 최소 생활수준이 보장되는 그런 상한선 내지 '안전망'만 지켜지면, 누구에게 얼마나 많은 부(富)가 돌아가는가 하는 문제나, 부유한 사람과 가난한 사람 간의 차이가 얼마나 큰가 하는 것은 중요하지 않다. 그래서 복지주의자는 일정한 수준 이하로 빈곤한 사람과, 아프거나 일자리가 없는 가난한 사람에게 혜택을 주는 프로그램에 관심이 많다.

반면에, 평등주의자는 '상대적(relative)' 복지수준에 관심을 둔다. 평등주의자는 전반적 생활수준이 다소 낮더라도 부(富)가 고르게 분배되는 사회가 더 바람직하다고 말한다. 따라서 평등주의자는 단지 하위소득자만이 아니라 소득 전체를 대상으로 부를 재분배하는 것에 목표를 둔 누진세(累進稅)와 같은 정부 조치를 선호한다. 평등주의자는 교육과 의료와 같은 재화는 시장으로부터 완전히 분리시켜서 어느 정도는 누구나 동등하게 사용할 수 있도록 하는 국유화(國有化: nationalization)를 지향하는 경향이 있다.

다음에서 사회 정의와 관련된 복지주의와 평등주의의 개념을 차례로 생각해 보고자 한다.

복지주의: 선택하지 않은 의무
(Welfarism: The Unchosen Obligation)

복지주의의 기본 전제는 사람들은 음식, 주택, 의료보호와 같은 재화에 접근할 기본 권리를 가져야 한다고 본다. 모든 사람들은 그런 것들을 '받을 자격이 있다'는 것이다. 그런 전제를 갖고 있기 때문에 정부 프로그램의 혜택을 받는 사람은 그가 당연히 받아야 할 권리를 받는 것일 뿐이라는 것이다. 재화를 획득하기 위해서는 구매자가 값을 지불해야 할 의무가 있는 것과 마찬가지로, 정부 혜택을 받는 것도 권리라고 본다. 국가가 복지 혜택을 베푸는 것은 그 사람의 권리를 보호하는 것에 해당된다는 것이다. 구매자들을 사기행위로부터 보호하는 것과 마찬가지로 국가가 해야 할 일을 한 것으로 본다. 그렇기에 어떤 경우에도, 감사해야 할 필요가 있는 것으로 보지도 않는다.

복지에 대한 권리 개념, 또는 흔히 적극적 권리(positive rights)라고 불리는 것은 생명, 자유 및 소유권에 대한 전통적 기본권에 근거를 둔다. 그러나 잘 알려진 것처럼, 복지에 대한 권리와 전통적 기본권 간에는 커다란 차이가 있다.

전통적 기본권은 다른 사람들로부터 구속받지 않고 행동할 수 있는 권리이다. 생명권은 스스로를 보존하기 위해 행동할 권리이다. 재산권은 재화를 자유롭게 사고 팔 권리이고, 타인에 의해 점유되지 않은 재화를 자유롭게 활용할 수 있는 권리이기도 하다. 그러나 이것은 재산을 형성하고 향유할 권리를 의미하는 것이지, 자연이나 국가로부터 무언가를 당연히 부여받을 권리를 의미하는 것은 아니다. 그것은 누구든지 무엇을 획득하는 데 성공하도록 보장해 주겠다는 것은 아니다.

따라서 전통적 기본권이란 어떤 사람이 선택한 것을 강제적으로 못하게 하거나 개입하는 것을 금지하는 '소극적 의무(negative obligation)'를 의미한다. 달리 말하면, 타인으로부터 간섭받거나 강제적 행위를 요구받지 않을 권리를 말한다. 예를 들어, 무인도처럼 사회로부터 분리된 자신을 상상하여 말한다면, 그곳에서는 오래 살 수 없을지는 몰라도 자신의 권리는 철저히 보호될 것이다. 따라서 비록 오래 살지는 못하고, 잘 살 것이란 확신도 없지만, 분명한 것은 살인, 절도, 폭행 등으로부터는 완벽하게 자유를 누리는 상태를 말한다.

반대로, 복지주의에 의거한 권리는 자신의 행동과 관계없이 특정 재화에 접근할 수 있고 그것을 누릴 수 있는 권리를 말한다. 여기서 말하는 복지 권리란 누구든지 그것을 스스로 획득할 수 없을 경우에는 다른 사람이 제공해 주는 재화를 받을 수 있는 '권리'를 말한다. 따라서 복지권은 필연적으로 다른 사람들로 하여금 그들이 해야 할 '의무'를 부과하게 된다. 내가 식량에 대한 권리가 있다면, 누군가는 그 식량을 만들어서 제공할 의무(obligation)가 부과되기 때문이다.

일반적으로 복지주의자는 그런 의무가 특정 개인에게 부과되는 것이 아니라 사회 전체에 부과되는 것이라고 주장한다. 그러나 사회는 결코 구체적 실체(entity)로 만들어져 있는 것은 아니기 때문에 사회 자체가 개별 구성원의 도덕성을 뛰어넘는 도덕적 대리인이 될 수 없다. 따라서 복지를 실현하기 위한 사회적 의무는 결과적으로 구체적인 다른 개별 구성원들에게 부과되는 몫이다. 복지에 관한 권리가 정부 프로그램을 통해 수행되는 한, 그 의무는 모든 납세자들에게 의무적으로 배분되는 것이다.

윤리적 관점으로 보더라도, 복지주의의 본질은 특정 개인이 다른 개인들을 대상으로 하는 요구임을 전제로 하고 있다. 그런 요구는 마을 공동체나 국가까지는 도달할 수 있을지 몰라도 전 인류를 대상으로 해서는 성립될 수 없다. 어떤 논리에 의한 것이든, 그런 요구는 돕겠다는 의사를 가진 사람이 선택했느냐의 여부와 상관없이 할당된다. 나아가 도와 주어야 할 가치가 있다고 평가된 결과에 따라 결정되는 것도 아니다. 다른 사람들에게는 이미 의무가 되었기 때문이다. 결론적으로 말한다면, 복지주의적 요구는 요구되는 순간에 이미 발생된 선택하지 않은 의무(an unchosen obligation)인 것이다.

우리는 복지주의를 더 깊게 분석해 봐야 한다. 만약 내가 무인도에 홀로 살고 있다면, 나는 누구에게도 어떤 복지 권리를 요구하지 못할 것이다. 주변에 내게 그런 재화를 제공해 줄 사람은 없기 때문이다. 마찬가지로 의료보험에 따른 의약 처방이 무엇인지 모르는 원시사회에 살고 있다면, 나는 의료보장을 요구할 수 없을 것이다. 그런 측면에서 살펴본다면, 복지에 대한 권리는 주어진 사회의 경제적 부와 생산능력에 의해 결정되는 극히 상대적인 것이다. 다른 사람의 요구까지를 충족시켜야 할 의무란, 우리가 그렇게 할 수 있는 능력을 가졌느냐에 따라 달라진다. 원리적으로 보더라도, 나를 위해 내가 만들어 내지 못하는 것을 다른 사람을 위해 제공하지 못하고 있다고 해서 내가 비난받지는 않을 것이기 때문이다.

내가 충분히 더 생산할 능력을 가졌지만 단지 내가 그런 행위를 선택하지 않는 상황에 대해서도 가정해 보자. 내가 현재 버는 것보다 훨씬 더 벌어들이지 않으면 내가 세금 내는 것이 거의 없게 됨으로써 다른 사람이 굶게 되는 것도 가정해 보자. 과연, 다른 사람을 위해 더 많이 벌려고 더 많이 일을 해야 할 의무가 나에게 있는가? 그렇게 해야만 한다고 말하는 철학자는 없을 것이다. 따라서 개인에게 부여되는 도덕적 요구란 개인의 능력에 달려 있다는 것이고, 다른 한편으로는 내가 남을 위해 더 생산하고자 하는 의지(willingness)에 달려 있을 뿐이다.

이와 같은 사실은 복지주의의 윤리 개념과 관련된 중요한 사실을 말해 준다. 복지주의는 다른 사람의 요구를 충족시키기 위해 의무적으로 노력해야 한다는 것을 주장하지 않는다. 그리고 다른 사람의 요구를 충족시키는 일에 성공해야 한다는 의무를 요구하지도 않는다. 그런 의무는 조건적인 것이다. 부(富)를 이루는 데 성공한 사람이 자기의 부를 다른 사람들과 함께 공유할 의사를 가질 때에만 성공한 사람의 부가 다른 사람들의 욕구 충족에 이용되어야 한다는 것이다. 복지주의의 목표는 가난한 사람들에게 혜택을 주겠다는 것이라기보다는 유능한 사람들이 사회를 위해 헌신하고 기여하도록 하는 데 있는 것이다. 복지주의가 실현될 수 있는 기본 전제는 재산이든 능력이든 더 많이 가진 사람이 다른 사람을 위해 봉사하겠다고 할 때에만 그 사람의 능력과 활동이 사회적 자산이 된다는 것이다.

평등주의 : '공평한' 분배
(Egalitarianism: 'Fair' Distribution)

평등주의의 문제로 돌아가 보자. 그것 역시 다른 논리 과정을 거치면 결국에는 동일한 원칙에 도달하게 된다. 평등주의의 윤리적 토대는 권리보다는 정의(justice) 개념에 의거하여 규정된다. 평등주의의 기본 출발은 기존 질서가 공정(fair)한가의 문제에서 시작된다. 어느 사회에서나 소득, 부, 권력은 개인과 집단들 간에 특정한 방식으로 분배되는데, 그 배분이 공정하지 않다는 것이다. 공정하지 않은 사회이기에 정부의 재분배 프로그램으로 부가 바로잡혀져야 한다고 보는 것이다. 순수 시장경제에서는 개인들 간의 평등을 만들어내야 할 필요가 있다고 보지 않는다. 그러나 평등주의자들의 일부는 '정의'에 따른 엄격한 결과의 평등이 요구된다고 주장한다.

가장 일반적 논리 근거는 누구나 동등한 결과를 선호한다는 가정에 입각해 있다. 평등에서 벗어나는 것이라면, 그것은 오직 사회 전체에 대한 혜택이 될 때에만 정당화된다는 논리이다. 영국의 작가 토니(R. H. Tawney)는 "공동체가 필요로 하는 서비스를 획득하는 데 필요한 조건인 경우에 한해서만, 불평등은 납득될 수 있다"고 주장한 바 있다. 불평등한 조치는 오직 사회 내의 최소 수혜자의 이익을 위해 기여하는 것일 때에만 허용된다는 존 롤스(John Rawls)의 유명한 '차등 원칙(Difference Principle)'도 이런 접근 방식의 가장 최신의 사례이다.

평등주의자도 엄격한 평등화 조치가 생산에 악영향을 미칠 것이라는 것을 알고 있다. 사회적 부의 형성에 모두가 동등하게 기여하는 게 아니라는 사실도 인정한다. 따라서 사람들로 하여금 최선의 노력을 다하게 할 유인으로서 어느 정도는 각자의 생산 능력에 따라 보상받는 것도 필요하다고 본다. 그러나 능력에 따른 보상의 차이가 발생하더라도 그것은 반드시 공공선을 구현하는 데 필요한 수준으로 국한되어야 한다고 본다.

이러한 원칙의 철학적 토대는 무엇인가? 평등주의자들은 그 철학적 토대를 정의의 기본원칙에 근거한 것이라고 말한다. 그 원칙이란 사람들이 도덕적인 측면에서의 차이가 있는 경우에만 차별을 받아야 한다는 것이었다. 그런데 그런 평등주의적 원칙을 소득 재분배에 적용한다면, 우리는 사회의 존재 자체가 근본적으로 소득분배 활동과 관련된 것이라고 가정해야 하는데, 그런 가정은 분명히 틀린 것이다.

시장경제에서 소득은 소비자, 투자자, 기업가, 그리고 노동자 등 수백만 개인들의 선택에 의해 결정된다. 그 선택은 수요와 공급의 법칙에 의해 조정될 뿐이다. 성공적 기업가들이 일반 노동자들보다 훨씬 더 많이 버는 것도 우연의 결과는 아니다. 또한 의도적으로 만들어진 결과도 아니다. 예를 들면, 2007년 미국에서 가장 소득이 높은 연예인은 오프라 윈프리(O. Winfrey)였는데, 약 2억 6천만 달러를 벌었다. 이것은 '사회(society)'가 그녀는 그만큼 받을 가치가 있다고 합의된 결과에 의한 것이 아니다. 수백만 팬과 시청자들이 그녀의 쇼를 볼 가치가 있다고 선택했기 때문이다. 잘 알고 있듯이, 사회주의 경제에서조차 경제 소득은 정부 기획자가 통제한다고 해서 통제되는 것이 아니다. 비록 생산 결과는 관료들 간의 다툼과 암시장 등에 의해 훼손되고 부패로 얼룩져 있지만, 사회주의 경제에서조차도 자생적 질서는 있다.

분배를 어떻게 해야 할 것인지에 대한 법률적 근거는 없다. 그러나 평등주의자는 통계상의 소득 분배가 공평한 기준에 맞춰져야 할 책임이 있다고 주장한다. 그렇게 되어야 하는 근거는 부의 생산이란 사회적으로 협력 과정의 결과이기 때문이라는 것이다. 자기 스스로를 충족시키기 위해 생산하는 사회에서보다 당연히 분업과 거래가 이루어지는 사회에서 훨씬 많은 부가 창출된다. 수많은 사람들이 노동 분업을 통해 최종 생산물의 산출에 기여한다. 더구나 생산자가 산출한 생산물은 거래 과정을 통해 훨씬 더 많은 사람들이 향유할 수 있게 된다. 따라서 평등주의자들은 생산물은 많은 사람이 참여한 결과로 만들어진 것이기 때문에 전체로서의 집단(集團)이 실제 생산의 단위이고 부의 원천이 되어야 한다는 것이다. 그렇기 때문에 집단적 협력으로 만들어진 과실들은 사회 구성원 모두에게 공평하게 배분되도록 해야 한다는 것이다.

그러나 그런 평등적 분배 논리는 경제적 부에 관련하여 각 개인들이 노력한 기여 몫을 분리시킬 수 없는 익명적 사회의 생산물인 경우에나 유효한 것이다. 설령 개별적 기여 몫을 도저히 알 수 없는 경우라 하더라도 최종 생산물을 어떻게 공평하게 분배할 것인가에 대한 분배정의와 원칙은 고안되어야 할 것이다.

그러나 그런 가정조차도 틀린 것이다. 왜냐하면 사회적 생산물도 실제로는 시장에서 교환되는 사용가능한 각 개인들의 재화와 용역으로 결합되어 만들어진 것이기 때문이다. 생산 과정에서 각 개인은 자신이 제공한 재화와 용역이 얼마만큼 도움이 되었는지를 분명히 알 수 있다. 생산물이 회사와 같은 집단에 의해 생산되었다고 하더라도, 누가 무엇을 했는지를 분명히 알 수 있다.

고용자들은 일시적 기분에 따라 노동자를 고용하는 것이 결코 아니다. 노동자의 일을 통해 만들어질 생산물은 분명히 더 가치가 있는 다른 것이 될 것이라는 기대를 갖고 노동자를 고용하는 것이다. 그것은 성과에 따라 차등 대우를 해주는 것이 전체 사회의 부를 증대시키는 데 더욱 생산적 유인이 된다는 사실을 받아들였을 때 평등주의자들이 이미 스스로 확인했던 것이기도 하다.

로버트 노직(Nozick)이 관찰했던 것처럼, 사람에게 적절한 동기가 부여되기 위해서는 각 개인이 기여한 역할을 구별할 수 있어야 한다. 평등주의자들도 그 가정을 받아들이고 있다. 요약하자면, 경제 전반에 걸친 소득과 부의 분배와 관련하여 통계적 차이에 근거한 정의(justice) 개념을 적용할 이유는 없다. 공평하기를 바라는 자애로운 부모가 테이블에 앉아 있는 모든 자녀에게 커다란 파이를 똑같이 나눠 주는 상황을 포기해야만 한다.

그런 상황을 포기한다면, 불평등을 야기하는 조치나 정책은 모두의 이익에 도움이 될 때에만 받아들여질 수 있다는 토니(Tawney)와 롤스(Rawls) 등의 원칙은 어떻게 평가될 수 있을까?

만약 정의라는 개념으로 접근하지 않는다면, 분배적 평등에 대한 의무는 각 개인들이 선택할 문제로 간주되어야 한다. 그렇다면 그것은 복지에 대한 권리가 무엇에 근거하고 있는지를 보았을 때와 동일한 원칙이 적용되어야 한다. 그 원칙이란 생산에 참여했던 사람이 자신이 이룬 성과의 결과물을 다른 사람에게도 나눠주겠다고 하는 조건에서만 그 결실은 함께 향유될 수 있는 것이다. 물론 당신에게 반드시 부를 만들고, 창출하고, 벌어들여야 할 의무가 부여된 것은 분명 아니다. 그렇지만 당신이 생산 활동에 종사하고 있는 상황이 맞다면, 다른 사람의 요구는 결국 당신의 행동을 구속하게 되는 것이다. 만약 그런 상황에서라면 목표를 성취할 수 있는 당신의 능력과 적극적 활동, 그리고 당신의 지식, 헌신, 그리고 성공을 만드는 모든 자질들이란 결과적으로 능력, 적극적 활동, 지식, 헌신과 같은 자질이 부족한 다른 사람들에 대한 의무가 되는 개인 자산일 뿐이다.

그런 식의 사회정의론을 따른다면, 결국 개인의 능력은 내것이 아니라 사회적 자산일 뿐이라는 데 도달하게 된다. 물론 이런 문제의식은 능력 없는 다른 사람의 권리를 짓밟는 데 자기 재능을 사용해서는 안 된다는 것을 말할 뿐만 아니라, 능력을 갖춘 개인들이 친절함이나 관대함을 발휘해야 하는 것을 당연시 해서도 안 된다는 말이다. 그러나 정작 개인은 사회를 위한 수단이 되는 것이다. 부분적이더라도 그 논리에는 각 개인은 자신을 다른 사람이 원하는 것을 위한 수단으로 만들어야 한다는 것이다.

여기에 문제의 핵심이 있다. 다른 사람들의 권리는 존중하면서 정작 그 개인의 권리는 존중되지 못하는 현실이다. 마치 무생물을 대할 때처럼, 자신은 다른 사람을 위한 수단으로 다뤄지고 있다는 사실이다. 스스로를 목적으로 간주하는 것이 도덕적으로 공평하지 않은 것이란 말인가? 자신이 도덕적으로 고귀한 대상으로 존경받지 못하고 다른 사람을 돌봐야 하는 수단으로 간주되는 것을 거절해서는 안 된다는 말인가?

개인주의자의 윤리
(Toward an Individualist Ethics)

자본주의에 관한 아인 랜드(A. Rand)의 논리는, 원칙적으로 이타주의에서 벗어나 자기 이익을 추구하는 사람의 도덕적 권리를 인정하려는 개인주의 윤리에 기반하고 있다.

이타주의는 삶의 방식에 대한 기본적 선택은 이미 결정되어 있다고 본다. 자신을 위해 다른 사람을 희생시키거나, 아니면 타인을 위해 자신을 희생시켜야 한다는 것이다. 물론, 후자가 이타주의적 행동방식이다. 그런 논리적 전제에 따르면 이타주의적이지 않은 선택은 잘못된 것이거나 약탈자와 같은 삶으로 평가받게 된다. 랜드(Rand)는 그것은 얼마나 잘못된 인식인지를 보여주고자 한다. 어떤 방식으로도 개인의 삶에 희생이 요구되어서는 안 된다는 것이다. 합리적인 사람들의 이해는 상호 충돌되어야 할 이유가 없으며, 순수하게 자기 이익을 추구하게 되면 평화적이고 자발적인 교환을 통해 다른 사람들과 협력하게 된다는 것이다.

정말 그런지를 확인하기 위해서 자기 이익(self-interest)이 무엇인지에 대해 어떻게 결정하는가를 생각해 봐야 한다. 분명한 것은 이익(interests)이란 우리가 획득하고자 하는 가치이다. 경제적 부, 기쁨, 안전, 사랑, 자존(自尊), 그 밖의 재화 등이라고 할 수 있다. 랜드(A. Rand)의 윤리철학은 근본 가치인 최고선은 생명(life)이라는 시각에 토대를 두고 있다. 생명(生命)이란 가치 있게 여기는 것에 대한 욕구 충족 활동을 통하여 스스로를 유지시키며 살아가는 생명체이면서도 욕구 체계이다.

생명 없는 세상은 존재하는 그대로의 세상인 것이지, 무엇이 더 좋다거나 나쁘다고 하는 가치체계가 없는 세상이다. 그런 경우, 어떤 국가도 다른 국가보다 더 낫다거나 나쁘다고 말할 수도 없는 세상이다. 따라서 가치의 근본적 기준은 사람의 생명 그 자체가 될 수밖에 없다. 따라서 기준이란 생명이 요구하는 욕구 충족의 수준에 따라서 이익인지 아닌지가 판단되어야 한다. 물론 순간순간의 생존을 말하는 것이 아니라, 인간이 자신의 잠재 능력의 발휘를 통해 자신이 원하는 것을 만족시켜 가는 과정을 의미한다.

그런데 사람의 원초적 능력이자 생존의 원초적 수단은 이성(reason)이다. 생산을 통해 살아가고, 사냥과 채집이란 위험한 상황을 넘어서게 만드는 것도 바로 이성(理性)이다. 언어의 토대도 이성에서 오는 것으로, 언어를 통해 협력하고 지식을 전달하기도 한다. 추상적 규칙을 따르게 만드는 사회제도의 토대도 이성이다. 따라서 도덕의 목적도 이성에 따른 생활을 가능하게 만드는 데 있다.

이성에 따라 살기 위해서는 독립(independence)을 미덕으로 받아들여야 한다. 그리고 이성은 개별적 개인의 능력이다. 다른 사람들로부터 많은 것을 배울지라도 우리의 사유 활동(the act of thought)은 개인의 머릿속에서 일어난다. 오직 각자의 선택에 따라 수행되는 것이고, 각자의 생각에 따라 다르게 진행되는 것이다. 따라서 모든 사람들은 각자가 자신의 삶을 이끌어 가야 하고, 독립적 삶을 유지하는 것을 책임져야 한다는 것은 지극히 합리적인 것이다.

이성에 따라 살기 위해서는 마찬가지로 생산성(productiveness)을 미덕으로 받아들여야 한다. 생산이란 가치를 창조하는 활동이다. 인류는 동물들처럼 필요로 하는 것을 자연으로부터 수렵 · 채취하는 것만으로는 생명을 보호하고 충족시킬 수 없다. 물론 다른 사람에게 기생하면서 살아서도 안 된다. 랜드가 주장하듯이, "어떤 사람이 무력(武力)이나 사기(詐欺)와 같은 방법으로 생존을 시도한다면, 달리 말해서, 다른 사람이 생산한 것을 훔치고 약탈하거나, 아니면 그들을 노예를 삼는 방식으로 생존하려고 한다면, 그의 생존은 생산자의 희생을 통해서만 가능하다. 명백한 진실은, 약탈자들이 포획한 상품은 생산을 선택한 사람들의 희생에 의해서만 가능하다. 약탈자들이란 생존 능력이 있는 사람, 즉 사회가 필요로 하는 활동을 수행한 사람들로부터 빼앗는 방식으로 생존하는 것이기에 자기 스스로는 생존능력이 없는 기생체인 것이다."

이기주의자란 흔히 자신이 원하는 것을 얻기 위해서 무언가를 꾸미고 모색하는 사람으로 그려진다. 자신의 욕망을 충족시키기 위해 거짓말을 하고, 훔치고, 다른 사람을 지배하려는 사람으로 묘사되기도 한다. 물론 랜드(Rand) 역시 다른 사람들과 마찬가지로, 그런 식의 이기주의적 생활방식이라면 그것은 당연히 부도덕한 것이라고 했다. 그러나 그녀가 말하고자 하는 이성적 행위의 범위는 다른 사람에게 해를 입히지 않는 것이어야 하고, 그 피해도 자신에게만 귀속되는 것이어야 한다. 그런 상황에서는 각 개인의 주관적 욕망과 욕망 추구 행위가 우리에게 이익이 되는 것인지 아닌지를 판단해야 할 필요는 없다. 반면에 기만, 절도, 타인에 대한 강제력 행사 등과 같은 행동은 개인적 욕구 충족 활동을 넘어선 것이며 행복이나 성공적 삶을 성취하는 수단이 될 수 없다.

그런 의미에서 미덕(美德: virtue)은 객관적 기준이어야 한다. 그것은 사람의 본성에 근거한 것이고, 모든 인류에게 보편적으로 적용되는 것이어야 한다. 미덕의 목적은 각 개인이 "자신과 관련된 궁극적 가치이자 목표인 삶을 성취하고, 유지하며, 충족시키고, 향유할"수 있게 만드는 것이어야 한다. 그렇기에 윤리의 목적도 실제적 이익을 추구하고 달성할 수 있는 방법을 말하는 것이어야지, 남을 위해 자신을 희생하는 방법을 말하는 것이라면 그것은 잘못된 것이다.

교환 원칙
(The Trader Principle)

그렇다면 우리는 다른 사람과 어떻게 거래해야 하는가? 랜드의 사회윤리는 두 가지 원칙에 근거한다. 하나는 권리(權利) 원칙이고, 다른 하나는 정의(正義) 원칙이다.

권리 원칙은 자발적으로 교환해야 한다는 것이다. 다른 사람에 대한 강제력의 사용 없이 평화롭게 다른 사람과 거래해야 한다는 것을 말한다. 각자가 생산 활동을 하는 상황에서 그런 거래방식을 통해 우리는 비로소 독립적으로 살 수 있게 된다. 그러나 다른 사람을 통제해서 살고자 하는 사람은 기생체(parasite)이다. 조직화된 사회에서 자기 권리를 존중받기 원한다면 당연히 다른 사람의 권리도 존중해야 한다. 다른 사람을 존중할 때 비로소 사회적 상호작용을 통해 많은 혜택을 얻을 수 있다. 그 혜택이란 경제적 교환과 지적 교류를 통한 이득뿐만 아니라 친밀한 개인 관계에서 비롯되는 가치를 의미한다. 이런 혜택의 원천은 합리성, 생산성, 개별성 등이며 자유는 그 모든 것들을 더욱 확대되도록 만든다. 그런 측면에서 보면, 힘에 의한 무력으로 살아가는 사람은 자신이 추구하는 가치의 근원을 공격하고 있는 것이다.

랜드에 따르면, 정의(justice) 원칙이란 교환 원칙이다. 교환을 통해 살아가고, 가치에 맞는 대가를 지불하여 교환하며, 노력을 통해 얻은 것이 아니라면 추구하지도 제공하지도 않겠다는 것이다. 명예를 가진 사람은 다른 사람에게 자기의 요구를 권리처럼 주장하지 않는다. 또한 상호관계의 기본 전제로서 항상 자기가 가진 가치를 제공하고자 한다. 물론 다른 사람의 요구 때문에 자신이 선택하지 않은 의무를 수용하지도 않는다. 자신의 삶을 중시하는 사람이라면 그 누구라도 끊임없는 요구를 들어주어야 할 책임을 수용하지 않을 것이다. 또한 독립적인 사람은 보호받기를 원하지도 않는다. 랜드가 관찰했던 교환의 원칙이란, 인간이 서로를 독립적이게 만들면서도 동등하게 대우하도록 만드는 유일한 토대이다.

간단히 말하면, 객관주의적 윤리는 개인(individual)을 목적 그 자체로 다룬다. 그것이 갖는 함의는, 자본주의야말로 공정하고도 도덕적인 유일한 체제라는 것이다. 자본주의 사회는 개인의 기본권을 인정하고 보호하는 데 토대를 둔다. 자본주의 사회에서 사람은 자신만의 사고를 통해, 자신만의 목적을 추구할 자유를 가진다. 사람은 오직 자연법에 의해서만 구속받는다. 식량, 주거, 의복, 책, 의약품 등은 나무에서 자라나지 않는다. 그렇기에 그 모든 것들은 생산되어야 하고, 마찬가지로 생산하는 사람에게 도덕적 초점이 맞춰져야 한다. 그리고 사람은 저마다 갖고 있는 고유한 능력이 있으며, 그에 따라 할 수 있는 역할도 다른 것이다. 자본주의가 부과하는 유일한 사회적 제약은 다른 사람의 서비스를 원하는 사람은 그 대가로 자신도 다른 사람에게 가치를 제공해야 한다는 조건일 뿐이다. 어느 누구도 다른 사람이 생산한 것을 대가없이 빼앗아 사용할 수는 없다.

소득과 부의 분배와 같은 경제적 성과물은 자발적 활동과 참가자들의 상호작용에 의한 결과로 나타나야 한다. 그렇기에 정의 개념은 경제활동 과정(process)에 적용되는 개념이어야 한다. 개인의 소득은 가치를 제공한 것에 대한 보답으로서 주어진 것이듯이, 자발적 교환에 의해 얻어진 모든 것은 정당한 것이다.

시장 참여자들이 상품의 가치에 대해 판단하는 것과는 달리, 경제학자들은 상품에 적정가격(適正價格)이란 존재하지 않는다는 것을 알고 있다. 마찬가지로, 인간이 행하는 생산적 용역도 적정 가격이 결정되어 있는 것은 아니다. 달리 표현하면, 자신의 소득에 따라 자기 가치가 평가되는 것이 아니다. 다른 사람들과 거래하며 살기를 원한다면, 다른 사람들로 하여금 그들의 이기심을 희생시켜서 내가 제시하는 조건을 받아들이도록 요구할 수 없다는 것을 말한다.

선택된 가치로서의 자비
(Benevolence as a Chosen Value)

그렇다면 가난하고 장애가 있거나, 그밖에 생계를 꾸려나갈 수 없는 사람들은 어떻게 해야 하는가? 이 질문은 사회체제에 관련되어 제기되는 근본적인 질문이 아니라면 의미 있는 질문이다. 생산능력이 가장 약한 사회 구성원을 대우하는 방식을 사회를 보는 기본적 평가기준으로 생각하는 것은 이타주의(altruism)의 유산이다.

예수는 "마음이 가난한 자는 복이 있다"고 했다. "마음이 따뜻한 (meek) 사람들은 축복을 받는다"는 것이다. 그러나 마음이 가난한 사람과 따뜻한 마음을 가진 사람의 요구를 들어주는 것이 특별히 존중되고 배려되어야 하거나 정의가 되어야 할 근거는 없다. 자유가 없는 대신에 배고픈 사람도 없는 전체주의(collectivist) 사회와 모두가 자유스럽지만 소수의 사람들이 굶주리는 개인주의(individualist) 사회 간에 하나를 선택해야 한다면, 우리는 자유로운 사회를 도덕적 선택의 대상으로 할 것이다. 설령 어떤 사람이 타인의 도움을 받을 수 있느냐의 여부에 따라 그의 삶이 좌우된다고 하더라도, 다른 사람에게 그가 하고

싫어 하지 않는 희생을 강요할 권리는 없다.

그러나 우리가 당면한 문제는 사실은 이것이 아니다. 가난한 사람들이라 할지라도 그들이 사회주의 국가에서보다 자본주의에서 훨씬 더 나은 삶을 살고 있기 때문이다. 역사적 사실을 보더라도, 구(舊) 소련처럼 어느 누구도 자유롭지 않은 사회는 결국 국민 대다수가 굶주리는 사회였다.

시장이라는 질서체계에서만 일할 능력을 가진 사람들은 급속도로 진행되는 경제적, 기술적 성장에 깊은 관심을 갖는다. 또 거대 자본의 투자와 첨단기계의 사용은 생계를 꾸려가기 힘들었을 사람들까지도 고용할 수 있게 만든다. 예를 들어 컴퓨터와 통신장비의 발전은 장애 정도가 심한 사람들까지도 집에서 근무할 수 있게 만들었다.

일할 능력이 없는 사람을 지원하는 문제도 마찬가지다. 자유사회의 시장 밖에는 언제나 수많은 형태의 지원 및 자선단체가 있다. 자선기관과 공제조합 등이 그것들이다. 그런 점에서 이기심(egoism)과 자선(charity) 간에는 분명히 어떤 모순도 없다. 다른 사람과 거래함으로써 얻어진 수많은 혜택을 고려하기 때문에 시장에서 활동하는 사람들은 보편적 박애정신으로 생각하지 않을 수 없고, 능력 없는 사람의 불운에 공감을 한다. 따라서 자기 이익을 희생시키라는 요구를 받지 않으면서도 다른 어려운 사람들을 지원하는 것은 매우 자연스러운 것이다.

물론 이기주의자와 이타주의자 간의 자선 개념에는 주요한 차이가 있다. 이타주의자들은 다른 사람에 대한 관대함이 윤리적으로 우선되어야 한다고 본다. "손해가 날 때까지 베풀라"라는 원칙에 따라 자기 희생적 단계까지 베풀어야만 한다. 가치관이 무엇인지와 상관없이 베

푸는 것이 도덕적 의무이고, 받는 사람들은 그럴 권리를 갖고 있다고
생각한다.

그러나 이기주의자(egoist)에게 있어 관대함이란 그들이 지향하는
가치를 실현하는 수단 중의 하나이다. 다른 사람의 복리를 중요시하는
가치도 그가 지향하는 가치 중의 하나일 뿐이다. "베풀 수 있을 때 베
풀라"라는 원칙도 그것이다. 지향하는 가치들 중의 하나라는 맥락에서
행하는 것이다. 베푸는 것이 의무는 아니며, 받는 사람 또한 권리를 갖
고 있기에 받는 것은 아니다.

이타주의자는 관대함을 속죄의 방법으로 간주하는 경향이 있다. 그
것은 능력이 있거나, 성공했거나, 생산적이거나, 혹은 부유하게 된 것
이 사악했거나 의심스러운 무언가가 있었기 때문에 가능했다고 전제
하기 때문이다. 그러나 이기주의자는 관대함이란 행위를 미덕으로 간
주할 뿐만 아니라, 타인에게 관대함을 베푸는 것을 스스로에 대한 자
부심의 표현으로 본다.

네 번째 혁명
(The Fourth Revolution)

첫 도입부에서 자본주의는 세 가지 혁명의 결과이고, 각각의 혁명
은 과거와는 전혀 다른 수준의 급격한 변화이자 단절현상이었다고 하

였다. 정치혁명은 개인의 기본권을 최우선시하게 만들었고, 정부는 지배자가 아니라 시민에 대한 보호자로 역할하게 만드는 원칙을 세웠다. 경제혁명은 시장에 대한 올바른 이해를 가져왔으며, 산업혁명은 생산과정에 과학지식을 적용시키는 것을 급속도로 확대시켰다.

그러나 인류는 과거의 윤리와 단절하지 못했다. 개인의 능력을 사회적 자산이라고 보는 윤리원칙은 자유사회와 결코 양립할 수 없다. 자유가 계속하여 존속되고, 사회가 지속적으로 번영하기 위해서는 네 번째 혁명이 필요하다. 자신을 위한 삶을 사는 것을 도덕적 권리라고 인식하는 도덕혁명이 요구되는 것이다.

제 3 부
부의 생산과 분배
(The Production and Distribution of Wealth)

1989년 베를린 장벽이 무너지기 전에 서독은 세계에서 두 번째로 큰 경제규모였던데 반해, 동독은 경제적 재난 수준에 있었다. 제2차 세계대전 후 분단되기 전에 서독과 동독은 동일한 국민이고 동일한 문화를 가진 같은 민족이었다. 분단된 대한민국에 대해서도 유사한 판단을 할 수 있다.

한국은 경제 대국(economic giant)이지만, 북한은 계속해서 해외 원조를 받아 살지 않으면 안 되는 경제 지옥(abyss)일 뿐이다. 남북한은 역시 동일 국민, 동일 문화였다.

중국의 덩샤오핑(鄧小平)은 부국이 되는 것은 영예로운 것이라며, 쥐를 잡기만 한다면 검은 고양이든 흰 고양이든 중요하지 않다고 선언하면서 급격한 자유시장 개혁에 나섰다. 그렇다면 1992년 이전의 중국 대륙과 당시 홍콩 간에 나타났던 대조적 차이는 무엇을 의미하는가? 중국 역시 동일 국민, 동일 문화를 가졌지만, 커다란 경제적 차이가 존재했었다. 결국 경제적 격차를 만들어내는 가장 기본적 요인은 경제 행위자에게 허용된 자유 수준이라는 것을 알 수 있다.

경제활동은 법과 제도의 틀 안에서 일어난다. 경제 주체는 법적 규제를 준수해야 하기 때문에 결과적으로 법과 제도, 경제 규제 수준은 국가와 국민이 얼마나 부유해질 수 있는가를 결정짓는 요인이 된다. 간단히 말하면, 각 개인에게 경제적 자유를 행사하도록 허용하는 정부의 수준이 그 사회의 경제적 결과를 결정짓는 것이다.

1. 시장경제와 부의 분배
(The Market Economy and the Distribution of Wealth)

루드비히 라흐만(Ludwig Lachmann)

저명한 경제학자인 루드비히 라흐만은 다음의 글에서 '사회 정의(social justice)' 개념에 입각하여 자유시장 자본주의에 대한 비판들을 검토하고 비판의 모순점을 제시한다.

라흐만은 '소유권(ownership)'과 '부(wealth)'의 관계를 설명하고, 소유권(property or ownership)에 대한 존중과 시장을 통한 거대한 부의 재분배가 서로 어떻게 연결되는지를 보여준다. 이 글은 자본주의 질서에 있어 사회적, 경제적 관계의 역동적 성격을 이해하는 데 매우 중요한 글이다.

루드비히 라흐만(1906-1990)은 베를린 대학에서 박사학위를 받았다. 1933년 독일에서 영국으로 이주했고, 런던 정경대학(LSE)에서 연구활동을 계속했다. 라흐만은 자본과 경제성장, 그리고 경제학 및 사회학의 방법론과 이론적 근거를 만드는 데 중대한 공헌을 했다.

그가 쓴 저서로는『자본과 자본 구조』,『막스 베버의 유산』,『거시 경제적 사고와 시장경제』,『자본, 기대 그리고 시장 작용』,『경제 과정으로서의 시장』(The Market as an Economic Process) 등이 있다. 다음 글은 1956년에 처음 출판된 글을 약간 줄인 것이다.

미제스(Mises) 교수가 30년 전에 "모든 정치권력의 개입은 그 개입에 따른 경제적 반향(repercussions)을 막기 위해서 추가적 개입을 불러오게 된다"고 지적했던 것을 의심할 사람은 없을 것이다. 명령적 계획경제가 최소한이나마 작동되기 위해서는 인플레이션이 요구된다는 것을 누가 부인할 것이며, '의도적 인플레이션'의 부정적 영향을 누가 모르겠는가? 경제학자들의 일부는 늘 진행되어온 장기 인플레이션을 설명하기 위하여 긍정적 용어인 '일상화된 인플레이션(secular inflation)'이란 용어를 만들기도 했지만, 누구도 속을 것 같지는 않다.

군이 제2차대전 직후 독일의 극심한 인플레이션 사례를 거론하지 않더라도, '행정 통제'가 만든 혼란과 같은 최악의 상황에서 시장경제는 질서를 창출해 냈다. 설사 위계적 구조(hierarchical structure)에서 명령을 내리는 사람이 자격을 갖추었는지에 대한 합리적인 테스트가 존재한다고 하더라도, 자발적 협력과 보편적 지식교환에 토대를 둔 경제조직은 명령적 위계구조보다 반드시 우월하다. 이성과 경험으로부터 배우는 능력을 갖춘 사람들은 이미 그런 사실을 쉽게 알지만, 여전히 많은 사람들은 지금까지 그렇지 못한 것 같다.

이성 및 경험적 사실과 자신들의 논리가 서로 맞지 않는다는 것을 알게 된 시장경제 비판자들은 그들의 논리 근거를 바꿔버렸다. 경제적 근거가 아닌 '사회적' 근거에 입각하여 시장경제를 비판하기 시작한 것이다. 시장경제 반대론자들은 시장경제가 비효율적이라더니, 이제는 불공정한 것이라고 비난한다. 부의 소유 구조에 의한 '왜곡효과'를 주장한다.

그들은 "시장의 평등원칙(plebiscite)이 부를 많이 가진 사람에 의한 복수투표(plural voting) 현상에 의해 변질되었다"는 논리를 내세운다. 부의 배분 차이가 생산과 소득분배에 영향을 준다면서, 많은 부를 소유한 사람들이 전체 사회소득 중 '불공정한 몫'을 더 가져갔기 때문에 어떤 것을 더 생산할지, 아니면 덜 생산할지를 결정하는 데 영향을 미친다는 것이다.

그 결과 사치품은 너무나 많고 필수품은 너무나 적어졌다는 것이다. 더구나 많은 부의 소유자들이 저축의 상당 부분을 차지하기 때문에 그들 소수에 의해서 자본축적과 경제발전의 속도가 결정되게 된다는 것이다.

시장경제 반대론자들도 부(富)의 배분이 경제적 작동원리에 따른 축적 결과로 만들어진 것임을 완전히 부인하지는 않는다. 그러나 불균등한 부의 축적 결과로 인하여 결과적으로 '현재'가 '과거'의 노예가 되며, '현재'가 과거에 의해 지배되는 결정적 요인이 된다고 주장한다.

그들은 오늘의 소득 분배는 오늘에 이루어진 부의 배분만으로 이루어져야 한다고 주장한다. 비록 현재 배분해야 할 부(wealth)의 일부가 오늘이 아닌 어제 축적된 것이었다고 하더라도, 그것은 어제 이전에 있었던 부의 배분 결과가 반영되었기 때문이라고 주장한다. 시장경제 반대론자의 그런 논리는 일반적으로 '상속(inheritance)'에 대한 문제제기를 하고 있는 것이다. 그들은 실제 진보적 사회에서조차도 부를 소유하고 있는 사람들의 부는 대부분 상속에 의해 만들어진 것을 물려받은 것임을 잊고 있는 듯하다.

모든 부(wealth)는 과거와 상관없이 현재 시점에서 다시 배분되어야 한다는 주장은 오늘날에도 광범위하게 확산되어 있다. 심지어 경제적 자유를 지지하는 많은 사람들까지도 그런 주장에 영향을 받고 있다. 그런 사람들은 상속세(death duties)를 통한 '부의 재분배'가 사회적으로 바람직한 결과를 가져올 것이며, 경제 시스템에 부정적 영향을 주지 않을 것이라고 믿는다. 오히려 그런 조치들은 과거의 '구속(dead hand)'으로부터 현재를 보다 자유롭게 하는 데 도움이 되기 때문에, 현재의 소득과 현재의 수요를 일치하게 만드는 데도 도움이 될 것이라고 본다.

부의 배분상태는 시장이 작동한 결과인데도 불구하고 시장의 운영구조를 변경시킴으로써 시장 메커니즘에 대한 개입 없이 시장 결과를 변경할 수 있다고 주장한다. 기존의 부를 일상적으로 재분배하도록 기획된 정책이 수반될 때 비로소 시장도 '사회적으로 용납되는' 결과를 가져오게끔 작동한다는 것이다.

이런 시각은 계획경제에 대한 시장경제의 우월성과 시장개입의 실패를 알면서도 시장경제로 만들어진 사회적 결과를 받아들이지 않으려는 것이다. 그런데도 이런 주장이 심지어 경제학자들 일부를 포함하여 수많은 사람들에 의해 지지를 받고 있다. 그렇지만 이것은 시장경제에 따른 사회적 결과와 시장의 작동 원리를 분리시킬 수 있다고 보는 것이나 마찬가지이다. 시장경제 반대론자들은 결과적으로 재분배 정책을 전제한 상태에서 시장경제를 수용하겠다는 것을 말하는 것이다.

본 논문은 그러한 논리가 딛고 있는 토대에 대한 비판이다.

우선 시장경제 반대론자들의 주장이 갖는 일반적 문제는 '주어진 상태(datum)'라는 모호한 용어 때문에 발생하는 혼동이다. 통계학과 같은 학문에서 말하는 '주어진 상태'란 특정 순간에서 우리가 그렇게 행동하게 만드는 '주어진 무언가'를 의미한다. 그러나 부를 배분한다는 것은 특정된 순간의 주어진 상태에서 다시 무엇을 해야 한다는 것으로 동어반복적(同語反復的)인 것이다. 차이를 만들어내는 활동을 하지 말라는 말이기도 하다.

좋든 나쁘든 간에, 오늘날 주류 경제사상이면서도 경제사상의 대부분을 차지하는 균형이론(equilibrium theories)에서의 '주어진 상태(datum)'란 개념도 매우 다른 의미로 사용된다: 균형이론에서의 주어진 상태란 균형의 필수조건이면서도 독립변수를 의미한다. 힘들이지 않고 균형 값과 양(量)을 추론할 수 있는 필요충분조건의 총합을 일반적으로 주어진 상태라고 지칭한다. 그런 의미를 따르더라도, 부를 재분배한다는 것은 사고 파는 다양한 용역과 상품 가격과 질을 결정짓는 유일한 요인은 아니라고 하더라도 그것을 결정짓는 요인(determinant)의 하나가 되는 것만은 틀림없다.

따라서 본 논문에서 보여주고자 하는 핵심 논점은 부의 배분이란 부를 결정짓는 또 다른 요인이 된다는 것이지, 결코 '주어진 상태'가 될 수 없다는 것이다. 시장경제에서는 부의 배분 방식은 결코 '독립 변

수'가 될 수 없다. 부의 배분 방식과 부의 창출 방식은 분리될 수 없는 것이다.

상속 방식도 마찬가지다. 분배 자체가 시장의 힘(market force)에 의해 끊임없이 변화되는 대상이다. 물론 시장의 힘이 미래의 시장 작동 방식을 만들기도 하지만, 특정된 배분 방식이 영속적으로 시장에서 영향을 미쳐서는 안 된다. 일반적으로 부는 몇 가지 정해진 방식으로 배분되기도 하지만, 부의 배분 방식은 끊임없이 변화되고 있는 것이다.

예를 들어, 만약 개인적 부(富)가 상속을 통해 이전되는 방식으로 몇 번이나 반복되며 동일하게 유지되었다면, 그런 변함없는 배분 방식은 영속적인 경제적 힘이라고 할 수 있다. 그러나 현실에서는 그렇게 되지 않는다. 만약 누가 상속으로 부자가 되었다고 하더라도, 그것은 부가 배분되어진 하나의 방식인 것이지 그것 때문에 전체적인 개인과 사회의 부가 결정되는 것은 아니다. 실제 그것이 어떤 방식이었든지 간에, 현재의 부의 배분 방식은 얼마 지나지 않아 과거의 방식으로 변하고 만다.

부를 배분하는 것은 결코 균형을 이루기 위한 수단(data of equilibrium)이 되어서는 안된다. 따라서 경제사회적 관심의 대상이 되어야 하는 것은 어떤 순간에서의 부의 재분배 방식이 아니라 지속적으로 변화되는 부의 배분 방식이다. 부의 배분 방식의 변화를 누구도 알 수 없다는 것은 예상하지 못했던 '불완전한 경로'에서 발생된 수많은 사실을 통해 쉽게 알 수 있다. 그것이야말로 바로 전형적인 '역동적' 현상이다. 부의 배분 방식은 지속적으로 변화되는 역동적 현상이란 사실에 대한 연구가 진행되는 것이 본질적인 것임에도 불구하고, 그런 연구에 대한 관심이 거의 없다는 사실은 매우 의아하다.

소유권(ownership)은 구체적 물질 대상과 관련된 법적 개념이다. 반면에 부는 희소한 자원과 관련된 경제 개념이다. 모든 주요 자원은 물질 대상이거나 물질적 형태를 취하고 있지만, 모든 물질적 대상이 자원인 것은 아니다. 예를 들어 버려진 집들과 고철 더미는 분명히 그런 사례에 해당한다. 그것을 기꺼이 치우겠다는 사람이 나타나면 소유권자는 기꺼이 거저 줄 것이다. 물질적 대상이지만 이미 자원이 아니다. 또 오늘은 자원이 되지만 내일은 자원이 되지 않을 수도 있고, 오늘에는 가치 없던 것이 내일에는 가치 있는 것이 될 수도 있다.

따라서 물질적 대상이 자원이 될 수 있는가의 여부는 언제나 불확실하기 때문에 그것을 알기 위해서는 어느 정도 선견지명이 필요하다. 물질적 대상으로 소득을 형성시킬 수 있을 때 비로소 부(富)를 구성한다. 소유권자에게 물질적 대상의 가치는 실제적이든 잠재적이든 기대되는 소득을 창출할 수 있게 될 때에만 의미있는 것이다. 결국 그 가치는 변화될 수 있는 용도에 달려 있다. 그런 의미에서 단순히 물질적 대상을 소유하고 있다는 것이 반드시 부를 의미하는 것은 아니다. 부(富)는 물질적 대상이 부여된 용도에 따라 성공적으로 사용될 때에만 실현되는 것이다. 더구나 소득과 부의 원천은 자원의 소유권이 아니라 자원의 활용에 있다. 뉴욕에 있는 아이스크림 공장은 소유권자에게 부를 의미한다. 그러나 동일한 아이스크림 공장이 그린랜드(Greenland)에 있다면 그것이 자원이 될 가능성은 거의 없다.

예상할 수 없는 변화가 계속되는 세계에서 부의 유지는 언제나 불안정하다. 지속적으로 부를 유지한다는 것은 거의 불가능하다. 상속이란 방식으로 한 가족이 물려받은 부를 유지하려면 영속적으로 순소득을 만들어내는 그런 자원을 소유하고 있을 때에만 가능한 것이다. 달리 말하면, 소유하고 있는 자원과 결합시켜서 순소득을 지속적으로 창출할 수 있는 자원, 즉 요소 비용(cost of factor)보다 더 큰 가치를 계속 생산할 잉여자원을 덧붙일 때에만 가능한 것이다.

그러나 그것은 오늘이 어제와 같고 내일이 오늘과 같은 세계, 그리하여 매년마다 소유권자와 상속자에게 소득이 유지되는 정적(stationary) 세계에서나 가능한 것이다. 그것도 아니라면, 자원 보유자가 완벽한 통찰력을 갖고 있을 때에만 비로소 가능한 논리이다. 그런 두 사례는 현실과 거리가 멀기 때문에 우리는 그것을 무시할 수 있다. 우리에게 중요한 것은 변화를 예상할 수 없는 세계에서 실제 부(富)는 어떻게 형성되는가 하는 것이다.

모든 부는 자본자산으로 구성되는데, 자본자산은 어떤 방식으로든 생산적 물질자원, 즉 가치가 있는 생산물(valuable output)로 나타나거나 최소한 그것을 반영한다. 모든 산출물은 자원의 조합과 노동에 의해 만들어진다. 모든 자원은 특정 조합 형태로 사용되는데, 한 자원에 다른 자원이 부가되는(complementary) 방식이 바로 자원 사용의 본질이다. 그런 부가적 방식이란 생산계획을 주도적으로 만들고 진행시키는 기업가들에게 '주어져 있는 무언가가 결코 아니다.' 실제로 특정 생산함수(生産函數)와 같은 것은 존재하지 않는다.

기업가의 임무는 끊임없이 변화하는 세계에서 자원의 조합을 만들어내고, 현재의 조건에서 투입된 가치와 비교할 때 최대한으로 부가된 가치를 산출해 내는 일이다. 달리 말하자면, 산출될 가치, 추가 투입 비용, 기술 등 모든 것들이 변화될 것이 분명한 내일이란 조건에서 최고 가치가 될 만한 조합을 찾아내어 추진하는 것이 바로 기업가의 임무이다.

자본이란 자원을 무한정 활용할 수 있다면 기업가의 과제는 단지 전에 이익을 냈던 방식으로 자원 조합을 전환시키고 외부의 조건 변화에 따라가면 될 것이다. 그러나 대개 자원은 활용될 수 있는 범위가 극히 제한적이다. 자원의 사용은 몇 개 용도에 특화되어 있다.[42] 따라서 변화에 적응한다는 것은 '자본 재편성'을 통한 자원 집단의 구성 변화를 수행하는 것이다. 그러나 자본을 재조합시키는 변화는 자본에 득(得)이나 실(失)을 야기함으로써 구성 자원의 가치에 영향을 가져온다.

따라서 기업가는 주어진 자원을 보다 이익을 많이 내는 방향으로 조합해 나갈 것이고, 다른 한편으로는 이익이 되지 않는 용도로 활용되는 자원의 조합 방식을 줄여나갈 것이다. 지금까지 이익을 내던 자원조합이었더라도 현재 혹은 잠재적 미래에 어떤 용도로 사용되지 않는 경우, 그 자원은 이미 자원의 성격을 완전히 상실하게 된다. 그리 변화가 심하지 않은 내구적 자산(durable assets)의 자본 득실(得失)조차도 예기치 않은 세계의 변화에 따라 불가피하게 변동되는 것이 현실이다.

그런 의미에서 보면, 시장과정(market process)은 결과적으로는 평등화(leveling) 과정인 것처럼 보이기도 한다. 시장경제에서 부의 재분배 과정이 일상적으로 진행되기 때문이다. 오늘 성공한 사람이 내일도 성공하는 것은 아니고, 오늘 실패한 사람이 내일엔 성공하기도 하기 때

---

42) 제기된 주장의 상당 부분은 미제스 교수가 "Das festangelegte Kapital," in Grundprobleme der Nationalokonomie, pp. 201–14. [English trans. in Epistemological Problems of Economics (New York: D. Van Nostrand, 1960), pp. 217–31].에서 처음 제기한 아이디어에 기반한 것이다.

문이다. 그런 면에서 정치인들이 습관처럼 정형화 하려는 시장작동의 외관적 유사성은 중요한 것이 아니다. 중요한 것은 시장은 부(富)를 유지할 능력을 가진 사람들에게만 그것을 부여하고자 하지만, 대체로 정치인들은 부를 유지하는 데 역할을 했느냐와 상관없이 자신의 유권자들에게 그 부를 나눠주려고 한다는 사실이다.

미래의 예측이 불확실한 사회라면, 부의 재분배는 매우 더디게 진행된다. 왜냐하면 그런 사회에서 재분배 과정에 참여하는 사람은 기회의 게임(game of chance)이 아닌 기술의 게임(game of skill)을 하는 것이기 때문이다. 남다른 기회를 가졌냐가 아니라 새로운 기회에 대처할 능력을 갖췄냐에 따라 결정되는 것이다. 현실의 모든 역동적 과정처럼, 부의 재분배 과정에도 사람들의 지식활용 수준에 따라 결과는 많이 달라진다. 변화된 지식과 새로운 지식은 항상 점진적이고도 불균등한 방식으로 사회에 확산되기 때문에 일부 특정 사람들은 다른 사람이 획득하지 않은 지식을 먼저 활용할 수 있는 것이다.

지금 생산되는 새로운 자원과 특정 가격 A에 구매할 수 있는 기존 자원들을 조합하는 경우에 미래에 A⁺의 가치를 얻을 것이라는 점을 다른 사람보다 먼저 파악한 사람들만이 성공하게 된다. 변화하는 세계에서 경제적 부의 창출이란 결국 이전 상태보다 좋게 만들거나 나쁜 결과가 되지 않게 하기 위해 자원 용도를 변경하는 기회의 활용을 의미한다. 그것이 수요의 증감에 의해 만들어지는 자본의 득실이며, 그것이 바로 시장에서 재분배가 이루어지는 기본적인 방법이다.

그런 과정에서 동일한 사람이 현재 자원과 잠재 자원으로 만들어 낼 새로운 용도를 추정하는 데 계속 성공한다는 것은 그가 지속적으로 우월하지 않은 한 결코 일어날 수 없다. 더구나 우월한 능력으로 성공하더라도 그의 상속자들 역시 마찬가지로 우월하지 않은 한, 유사한 성공을 만드는 것은 불가능하다. 변화를 예측할 수 없는 세상에서 자본 손실은 자본 이득만큼 불가피하게 늘 발생하기 때문이다. 자본 소유자들 간의 치열한 경쟁과 특성이 변화하지 않는 자원의 고유 특성 때문에 자본이 아무리 '복합적 특성'을 갖고 있다고 하더라도 상황 변화와 시간 변화에 따라 자본의 이득과 손실은 순환을 반복하고 있는 것이다.

그런 경제적 사실은 사회적 결과로도 반영된다. 시장경제 비판자들은 '사회적(social)'이라는 자의적 근거로 분배를 정당화하기 때문에 시장과정이 만들어내는 실제의 사회적 결과를 보다 자세히 설명할 필요가 있다.

이미 우리는 시장과정을 평등화(leveling) 과정이라고 불렀던 적이 있다. 보다 적절하게, 파레토(Pareto)는 이런 결과를 '엘리트 순환'이라는 사례를 통해 서술했다. 부는 동일한 사람에게 오래도록 머물러 있지 않는다. 예측하지 못한 변화가 각각의 특정한 자원에 변화된 가치를 부여하고, 그 변화의 결과로 자본의 증가와 감소에 의해 부(wealth)는 계속해서 옮겨간다. 슘페터를 인용해 말한다면, 부의 소유자들은 호텔 손님이나 열차 승객과 같다. 부의 소유자는 언제나 존재하지만, 그들이 오래도록 동일한 사람인 것은 결코 아니기 때문이다.

시장경제의 모든 부는 불안정한 속성을 갖는다. 내구성이 있는 자산일수록, 그리고 특수한 자원일수록, 전환될 수 있는 용도의 범위는 그

만큼 더 제한될 수밖에 없고 한계점도 명확하다. 물론 축적된 부의 대부분이 농업사회처럼 썩기 쉬운 생필품의 형태를 취하고 있어서 고정자본이 거의 없는 사회, 즉 주택과 가구를 제외하고는 내구소비재가 거의 없는 사회에서는 문제가 그렇게 분명히 드러나지 않는다. 그런 사회는 대체로 고전파 경제학자들이 살던 사회로, 자연적인 것을 특징으로 하는 사회이다. 그렇기에 고전파 경제학자들은 그런 시대 조건에서 모든 자본을 사실상 동질적인 것으로 보았고, 다른 용도로 전용될 수 있는 것처럼 간주했다. 그러면서 유일하게 특수하며 재생할 수 없는 자원인 토지를 거론하면서 자본의 가치는 고정된 것처럼 정당화했다.

그러나 우리 시대에 그런 이분법(二分法)은 결코 정당화되지 않는다. 고정자본이 많을수록, 그리고 내구적인 것일수록, 그런 자원은 닳아 없어지기 전에 처음 의도했던 것과 전혀 다른 목적으로 사용되어야 할 가능성이 훨씬 크다. 실제로, 현대 시장경제에서 영구적 소득을 만들 수 있는 자원이 될 만한 것은 없다. 자본의 제한된 특성과 제한된 용도는 그런 영구적 소득을 불가능하게 만든다.

우리가 강조해야 할 것은, 예상할 수 없는 변화가 상존하는 세상에서 시장의 힘에 의해 부의 재분배가 항상 진행되었다는 사실이다.

그럼에도 왜 이런 사실은 꾸준히 무시되는가? 정치인들이 그것을 무시하는 이유는 이해될 수 있다. 유권자 대다수는 정치인이 추진하는 부의 재분배에 직접적인 영향을 거의 받지 않거나, 인플레이션의 경우처럼, 설사 영향을 받더라도 거의 이해하지 못하는 수준에 머물기 때문에, 득표에 도움이 되지 않는다고 보는 것이다.

그런데 경제학자들조차 그것을 무시하는 이유는 무엇인가? 일반적으로 부의 배분은 경제적 힘이 작동된 결과라는 것을 경제학자들도 받아들인다. 그런데도 왜 많은 경제학자들은 부의 배분 문제를 시장과정(market process)의 결과가 아니라 앞에서 언급한 두 번째 의미인 '주어진 상태'로 보고 재분배 대상으로 보는 것인가? 우리는 그 이유를 균형문제에 대한 과도한 몰두에서 찾아야 한다고 본다.

연속되는 부의 배분이란 불균형적(disequilibrium) 세계에서 진행된다는 것을 앞에서 강조하였다. 자본의 득실은 내구적 자원이 계획되지 않은 방식으로 사용되면서 발생하기도 하고, 일부 사람들이 역동적으로 변화하는 세상의 요구와 특정 자원이 가치의 증진에 활용될 수 있다는 것을 남들보다 먼저 잘 이해했기 때문에 일어난다. 일반적으로 균형이론은 일관된 계획에 따른 결과를 의미한다. 그러나 시장에 의한 부의 분배는 일관되지 않은 활동의 결과이기도 하다. 균형의 측면에서 생각하도록 훈련받은 사람에게는 우리가 설명하려는 시장과정이란 그리 '좋게' 보이지 않는 것이 당연하다. '실제로' 그들은 경제적 힘은 균형을 만들어 유지하려는 경향성을 가진 것으로 착각한다. 시장에서의 부(wealth)란 균형에서 만들어지는 것이 아니라 불균형 속에서 창출된다. 그럼에도 불균형에서 작동하는 힘에 대해서는 관심을 갖지 않고 자주 무시하고 있다.

우리는 균형원리를 배운 경제학자들이 시장의 현실을 무시하고, 경제 변화에 대처할 수 없으며, 대처할 준비도 되어 있지 않다고 말하려는 것은 아니다. 그것은 터무니없는 일이다. 우리는 단지 현대 경제학자들이 경직되어 있음으로 해서 굳어진 패턴에 익숙한 변화 유형만을 다루는 데 익숙해져 있다는 점을 말하고자 하는 것이다.

154

2. 정치 · 경제적 자유가 만든 인간성의 기적
(Political and Economic Freedoms Together
Spawn Humanity's Miracles)

템바 A. 놀루충구(Temba A. Nolutshungu)

템바 놀루충구(Nolutshungu)는 남아프리카공화국의 경제학자이다. 그는 다음의 글에서 남아프리카공화국의 역사를 예로 들면서, 소수가 독점해 온 권력에 저항한 수십 년간의 투쟁의 결과로 만든 자유와 정치적 다수결 원칙을 구별해야 한다고 설명한다. 최근 남아프리카의 역사적 사례를 제시하면서 경제적 자유가 가져다 주는 해방의 잠재력이 얼마나 큰 것인지를 보여준다.

템바 놀루충구는 남아프리카의 자유시장 재단(Free Market Foundation) 이사이다. 그는 전국적으로 진행되는 경제 분권 프로그램(economic empowerment programs)을 통해 교육사업을 진행하고 있고, 남아프리가 언론에 많은 기고를 해왔으며, 짐바브웨 신문의 이사이기도 하다. 짐바브웨의 무가베 정부가 초래한 재난 이후 짐바브웨 부흥에 대한 일련의 정책 제안을 만들어 짐바브웨 수상인 모간 츠반기라이(Tsvangirai)에게 제출하기도 했다. 또한 놀루충 구는 젊은 시절 남아프리카의 흑인 의식운동(Black Consciousness Movement)에서도 많은 업적을 남겼다.

프랑스 혁명기의 로베스피에르는 혁명적 공화주의자이자 급진 민주주의자였다. 프랑스 혁명의 공포시대를 주도했던 그는 대략 4만 명의 프랑스인을 "국민의 적"이라며 단두대에서 처형했다. 그렇지만 그 역시도 정치적 반대자에 의해 죽음을 맞이했다. 그는 죽기 직전에 이전에는 그에게 아첨했었지만 이제는 그의 목을 달라고 울부짖는 군중들 앞에서 "나는 여러분에게 자유를 줬다. 그런데 이제 여러분은 내게 빵을 요구하고 있다"는 마지막 연설을 했다. 혁명가 로베스피에르의 죽음과 함께 프랑스의 공포시대도 막을 내렸다.

여기서 끌어낼 수 있는 교훈은, 정치적 자유와 경제적 복지 사이에는 연계가 있을 수 있겠지만, 그 두 가지가 동일한 것은 아니라는 것이다.

경제적 복지(well-being)는 자유의 결과이다. 직업 구하기를 포기한 사람을 제외하더라도, 공식 실업률이 25.2%인 남아프리카에서 정치적 자유와 경제적 복리간의 상호 괴리는 잠재화되었던 상황의 급격한 변화를 반영하고 있다. 유권자들에게 각종 혜택을 반복적으로 약속해 온 정치인과 공무원들이 이런 위험을 확대시켜 왔다. 직면한 과제에 대처

하기 위해 우리는 잘못된 인식(misconceptions)부터 불식시켜 나가야
한다.

먼저 일자리를 창출하는 것이 국가의 역할이 될 수 없다는 것을 분
명히 해야 한다. 그런 잘못된 인식은 상황을 보다 더 악화시킬 뿐이다.
지속적으로 일자리가 유지되기 위해서는 그 일자리는 민간 영역에서
창출되도록 해야 한다. 정부가 창출하는 일자리는 기껏해야 세금 납부
자의 비용으로 만들어진 것이다. 달리 말하면, 세금이 투여된 보조금
에 의한 고용이다. 그런 일자리는 불안정하기 때문에 부가적(+)인 경
제 결과를 가져오지 못한다. 왜냐하면, 부(wealth)를 만드는 주생산자는
시장에서의 민간 부문이고, 국가 부문은 소비자에 해당하기 때문이다.

돈이란 단지 재화와 용역을 교환하는 매개체일 뿐이지만, 중요한
것은, 돈(money)은 생산성과 관련되어 있고 생산성을 반영한다는 사실
이다. 1991년 내가 공산주의 종식 직후 러시아와 체코슬로바키아를 방
문했을 때, 당시 회자되던 우스갯소리는 "노동자들은 일하는 척하고,
정부는 노동자들에게 지불하는 척한다"는 것이었다. 그런 의미에서 의
미있는 일자리 창출을 논의한다면, 그것은 오직 민간 부문(private
sector)에만 초점을 맞춰야 한다고 생각한다.

이런 사실은 민간 기업을 위해 어떤 정책이 펼쳐져야 하는가 하는
질문을 갖게 한다. 어떤 정책이 생산성을 증대시키고, 어떤 정책이 생
산성을 저하시킬 것인가의 문제이다. 그에 따라 우리는 무엇을 해야
하는가 하는 문제이다.

먼저 두 당사자 간의 교환 중에서 가장 단순한 형태의 교환에 내재
된 원칙을 검토해 볼 필요가 있다. 단순한 형태의 거래는 보다 큰 경

제의 사례이자 축소판으로 활용될 수 있기 때문이다. 단순한 형태의 거래를 살펴보는 것은 정책 결정자에게 어떤 정책이 인간의 본성에 가장 잘 부합하는지를 알려준다. 인적 요인(human factor)이 경제적 맥락에서 매우 중요한 것이기 때문이다.

우선 사냥에는 능숙하지만 사냥 무기를 만드는 데는 서투른 사람이 있는 시대를 가정해 보자. 사냥에 능숙한 사람은 숙련된 무기 제작자를 만나서 그가 만든 무기를 사냥감과 교환하기로 합의한다. 두 사람은 공짜로 주고받는 것이 아니라 서로 간에 가치 있는 무언가를 주고받음으로써 상호 이득이 된다는 판단에 따라 거래를 성사시킨다. 그 결과 무기제작자는 사냥을 나가는 대신에 무기제작에 전문화하는 방식으로 제작한 무기를 고기, 털, 상아와 교환할 수 있다는 것을 알게 된다. 전문화된 무기제작을 통해 그는 번창하게 되고, 그와 거래하는 사냥꾼들도 보다 효율적인 무기를 사용하게 됨으로써 마찬가지로 번창하게 된다.

이런 시나리오에서 주목해야 할 주요 사실은, 거래 과정에서 어떤 무력이나 사기도 개입되지 않는다는 것이다. 그 어떤 제3자 개입도 없다. 각자의 사업이나 거래에 관련된 규칙을 규정하는 사람도 없다. 당신이 가진 가치 있는 것을 얻기 위해 나는 내가 가진 가치 있는 것을 주겠다는 것이다. 거래 당사자가 따라야 할 규칙은 자발적으로 생성된 것이다. 그 규칙은 자연 질서(自然秩序)와 같다. 경제학자 하이에크(F. Hayek)는 그것을 자생적 질서라고 했다. 개인 재산권에 대한 상호 존중이 바로 모든 질서의 중심 가치이다.

이런 단순한 형태의 예를 통해 우리는 현대경제에서 정부의 경제

개입을 제한하는 나라에서만 지속적인 경제성장이 가능할 것이며, 그 결과로 사회경제적 혜택도 확대될 것이라는 것을 추론할 수 있다. 달리 말하면, 정부가 생산자와 소비자의 경제 자유를 도모하고, 강제적 무력이나 위계적 사기가 아닌 방식으로 모두가 거래에 참여하도록 만든다면, 그 국가와 국민은 번영하게 된다. 실업은 줄어들고 교육은 향상될 것이며, 보다 나은 의료 보장도 창출될 수 있는 확고한 방안인 것이다.

이런 기본 원칙은 각각에서 형성된 문화적 차이와 상관없이 모든 경제체제에 적용된다. 이런 측면에서 보면, 열심히 일하면 성공하게 되고 그렇지 않으면 실패한다는 식의 '노동 윤리' 신화는 비판적으로 평가되어야 한다. 자유가 보장된 제도를 가졌느냐의 여부를 보지 못하게 만들기 때문이다. 실제 고통 속에서 열심히 일하는 사람들이 무수히 많은데도 계속 가난한 나라가 너무나 많다. 더구나 열심히만 일하면 잘살게 된다는 식의 시각은 암묵적으로 노동윤리가 있느냐 없느냐 하는 이분법적 방식으로 국가나 종족에 대한 고정관념을 강화시킬 뿐이다. 그 논리로만 보면, 가난한 사람들은 열심히 일하겠다는 노동윤리가 없기 때문에 가난하다는 것이다. 또 부자들은 노동윤리가 있기 때문에 부자가 되는 데 성공했다는 것이 된다. 특히 그런 식의 논리는 인종과 결합되어 평가되는 경우 훨씬 더 위험한 고정관념을 만들게 된다.

1989년 베를린 장벽이 무너지기 전에 서독은 세계에서 두 번째로 큰 경제규모였던 데 반해 동독은 경제적 재난 수준에 있었다. 제2차

세계대전 후 분단되기 전에 서독과 동독은 동일한 국민이고 동일한 문화를 가진 같은 민족이었다. 분단된 대한민국에 대해서도 유사한 판단을 할 수 있다.

한국은 경제 대국(economic giant)이지만, 북한은 계속해서 해외 원조를 받아 살지 않으면 안 되는 경제 지옥(abyss)일 뿐이다. 남북한은 역시 동일 국민, 동일 문화였다.

중국의 덩샤오핑(鄧小平)은 부국이 되는 것은 영예로운 것이라며, 쥐를 잡기만 한다면 검은 고양이든 흰 고양이든 중요하지 않다고 선언하면서 급격한 자유시장 개혁에 나섰다. 그렇다면 1992년 이전의 중국 대륙과 당시 홍콩 간에 나타났던 대조적 차이는 무엇을 의미하는가? 중국 역시 동일 국민, 동일 문화를 가졌지만, 커다란 경제적 차이가 존재했었다. 결국 경제적 격차를 만들어내는 가장 기본적 요인은 경제 행위자에게 허용된 자유 수준이라는 것을 알 수 있다.

1992년 이후의 급격한 자유시장 개혁 덕분에 중국은 이제 세계에서 세 번째로 큰 경제 대국으로 등장했다. 더 재미있는 것은, "슬프게도 미국이 이제는 덩샤오핑이 현명하게 버린 사회주의적 경제 각본을 채택하고 있다"고 베르텔 슈미트(Bertel Schmitt)는 말했다는 것이다.

경제활동은 법과 제도의 틀 안에서 일어난다. 경제 주체는 법적 규제를 준수해야 하기 때문에 결과적으로 법과 제도, 경제 규제 수준은 국가와 국민이 얼마나 부유해질 수 있는가를 결정짓는 요인이 된다. 간단히 말하면, 각 개인에게 경제적 자유를 행사하도록 허용하는 정부의 수준이 그 사회의 경제적 결과를 결정짓는 것이다.

이러한 점에서 월터 윌리엄스(Walter Williams) 교수의 저서 『자본주

의에 저항하는 남아프리카의 전쟁』(South Africa's War Against Capitalism)
은 많은 것을 시사해 준다. 1986년에 저자가 한 말을 요약하면 다음과
같다. "남아프리카 문제에 대한 해결책은 특별 프로그램도 아니고 적
극적 행동도 아니다. 기부도 아니고 복지도 아니다. 그것은 자유다. 여
러분이 전 세계를 둘러보고 부유한 국민들, 특히 매우 잘 사는 국민을
찾아보게 되면, 그들은 모두 개인적 자유가 훨씬 더 잘 보장된 사회에
살고 있음을 확인하게 될 것이다."

3. 기업가와의 대화
(Interview with an Entrepreneur)

출연: 존 매키(John Mackey)
진행: 탐 팔머(Tom Palmer)

기업가 존 맥키(John Mackey)는 홀 푸드사(Whole Food)의 공동설립자이자 최고경영자이다. 다음 인터뷰를 통해 존 맥키는 그의 철학인 '책임 있는(conscious)' 자본주의를 설명한다. 인간 본성과 동기, 사업의 본질, 그리고 자유시장 경제와 '연고 자본주의'간의 차이 등에 대한 사상을 피력하였다.

존 맥키는 1980년 홀 푸드 마켓(Whole Food Market)을 창립하였으며 건강한 식사, 동물에 대한 윤리적 대우, 그리고 사회공동체에 대한 기업의 적극적 참여 활동을 주도했다. 〈책임 있는 자본주의 연구소(Conscious Capitalism Institute)〉의 창설 이사이다.

팔머(Palmer): 존 맥키, 당신은 기업활동을 하는 사람들 가운데 자본주의가 가진 도덕성을 옹호하는 것을 부끄럽게 여기지 않는 매우 드문 사람이다. 그러면서도 자본주의를 유지해 나가는 데에는 이기심(self-interests)만으로는 충분하지 않다고 말하는 사람으로도 알려져 있다.

맥키(Mackey): 이기심으로 모든 것을 설명하려는 것은 인간 본성에 대한 불완전한 이론에 의존하는 것이기에 한계가 있다. 그것은 논리적인 측면에만 의존하면서 인간이 하는 모든 일은 이기심으로부터 출발하는 것이고, 그렇지 않았다면 그런 행동을 하지 않았을 것이라고 주장하는 사람들과의 논쟁을 떠올리게 한다. 그런 주장은 반박될 수 있는 것도 아니며, 궁극적으로는 의미도 없는 것이다. 왜냐하면 당신이 자기 이익과 관련 없는 일을 했다고 하더라도 그들은 여전히 당신이 이기심 때문에 그 일을 했고 만약 그렇지 않았다면 그 일을 하지 않았을 거라고 주장할 것이기 때문이다. 그것은 의미 없는 일종의 순환논증에 불과하다.

팔머: 이기심 외에도 다른 동기(motivation)가 자본주의에 중요하다고 말하는데 과연 어떻게 그것을 설명할 수 있는가?

맥키: 그런 질문은 적절하지 않다고 생각한다. 왜냐하면 사람들은 이기심에 대하여 서로 다른 개념 정의(definition)를 내리고 있다. 그런데도 그런 문제에 대해 논의하게 될 때에는 다들 다른 사람들이 하고

자 하는 말을 자주 끊어버리고 만다. 듣고 이해하기보다는 다시 자기 식으로 해석하는 것이다. 내가 대학 다닐 때 참여했던 토론에서처럼, 이기심에 대한 정확한 개념정의도 하지 못하면서도 마치 아는 체하면서 토론했던 것과 다를 바 없다. 내가 강조하고자 하는 것은 인간의 본질은 복합적이라는 것이며, 이기심은 우리가 가진 많은 동기들 중에 하나일 뿐이지 결코 유일한 하나일 수는 없다는 것이다.

우리는 관심을 가지고 있는 많은 것에 의해 동기를 부여받고 산다. 거기에는 분명 이기심도 포함되지만 그것에만 구속되어 살지는 않는다. 아인 랜드(Ayn Rand)와 같은 경제학자들이 함께 노력한 결과이겠지만, 자유주의(libertarian) 운동도 어떤 측면에서는 이데올로기적으로 막다른 골목에 도달했다고 본다. 왜냐하면 이기심을 통해서만 세상을 설명하는 방법은 기업활동에 관한 것이든 자본주의 및 인간 본성에 관한 것이든 정당하게 다룰 수 없다고 생각하기 때문이다.

이기심에 대해 생각해 보면, 우리 인생에서 가장 이기심에 따라 행동했을 시기는 어리고 정서적으로 미성숙했을 때일 것이다. 대부분의 어린아이와 청소년은 매우 자기중심적이면서도 자기 도취적(narcissistic)인 것이 사실이다. 각종 사안을 인지하는 그대로 자기이익에 맞춰서 행동하게 된다. 그렇지만 우리가 성장해 가고 성숙해지면서 점점 더 다른 사람들과 상호 공감하게 되고 동정하게 된다. 사랑과 같은 인간적 감정을 느끼고 배우게 된다. 그에 따라 인간이 특정 행동을 하게 되는 이유는 여러 가지가 있다. 흔히 범하는 잘못된 이분법(二分法) 중의 하나가 바로 이기주의(利己主義)와 이타주의(利他主義)로 나누는 방법이다. 그것이 잘못된 이분법이라고 말하는 이유는, 우리 인간은 양면적(兩面的)이기 때문이다.

우리는 자기 이익 중심적인 것은 사실이지만, 자기 이익에만 빠져 살지는 않는다. 다른 사람을 돌보기도 하고, 가족의 행복에 매우 커다란 관심을 가지고 산다. 우리는 주변 공동체는 물론, 국가처럼 우리가 살고 있는 더 큰 공동체가 잘되게 하도록 관심을 갖고 애쓰며 산다. 세상을 더 좋게 만들려는 이상주의적 동기에 따라 행동하기도 한다. 우리가 관심을 갖고 원하는 것은 다 자기이익을 위한 것일 뿐이라는 순환논법에만 빠지지 않는다면, 우리의 모든 행동은 단지 자기이익만을 위한 것이란 논리와 상충된다는 것을 쉽게 이해할 수 있다.

따라서 나는 이기심만으로 모든 것이 설명될 수 있다고 생각하지 않는다. 모든 행위를 다 자기이익 때문에 그렇게 한 것이라고 분석하는 것은 인간의 본성을 이해하는 올바른 이론이라고 생각하지 않는다. 자본주의에서나 기업활동(business)에서나 모두 인간 본성의 복합성이 충분히 반영되어야 한다. 자기 이익으로 모든 것을 설명하고자 하는 것은 자본주의와 기업활동에 대한 상징성이나 '브랜드(brands)' 이미지에 커다란 타격을 주게 된다. 왜냐하면, 자본주의와 기업활동을 공격하려는 사람들이 자본주의와 기업활동은 이기적이고 탐욕적이며 착취적인 것처럼 규정짓는 것을 허용하는 것이나 마찬가지이기 때문이다.

자본주의와 기업활동은 세상이 필요로 하는 것들을 실현시키는 거대한 동력임에도 불구하고 그런 식의 공격들은 자본주의에 대한 잘못된 인식을 확산시킨다. 자본주의와 기업활동은 스스로 만들어낸 어마어마한 가치로 지난 3백년간 역사를 바꾸어 왔음에도 불구하고 이에 걸맞는 충분한 평가를 받지 못하고 있다.

팔머: 그렇다면 사업을 한다는 것은 자기 이익이나 이윤을 추구하는 것 외에 달리 무엇을 추구한다고 보아야 하는가?

맥키: 일반화시켜 말한다면, 성공적인 사업이란 필요한 가치를 창출하는 것이다. 자본주의가 아름다운 것은 그것이 궁극적으로 상호 이익을 위한 자율적 교환에 바탕하고 있기 때문이다. 예를 들면 '홀 푸드(Whole Food) 마켓'이란 사업을 갖고 설명해 볼 수 있다. 우리는 상품과 서비스를 공급하는 방식으로 고객에게 가치를 창출시켜 준다. 물론 고객들이 반드시 우리 상점에서만 교환해야 할 이유는 없다. 그러나 고객들은 그렇게 하기를 원하고, 그렇게 하는 것이 그들에게 이익이 되기 때문에 그렇게 하는 것이다. 그런 측면에서 우리는 고객을 위해 가치를 창출하는 것이다.

우리는 또한 함께 일하는 사람들을 위해서도 가치를 창출한다. 함께 일하는 직원이 그들이다. 그들은 결코 노예가 아니다. 직원들도 스스로 원했던 직업이고, 월급도 만족스럽다고 생각하기에 자발적으로 일하는 것일 뿐이다. 직원들은 '홀 푸드'에서 일함으로써 많은 혜택을 누리게 되는데, 그것은 금전적인 것이기도 하고 심리적인 것이기도 하다. 그런 측면에서 고객들은 물론이고 직원들을 위한 가치도 창출하는 것이다.

마찬가지로 우리는 투자자를 위한 가치도 창출한다. 현재 우리 회사의 시가총액은 100억 달러를 넘어섰는데 처음 시작했을 때에는 분명 아무 것도 없었다! 우리는 투자자를 위해 지난 30여 년 동안 100억 달러 이상의 가치를 창출한 것이다. 잘 알다시피, 우리 회사에 대한 주식투자자 누구도 강제적으로 주식에 투자하도록 강요받은 사람은 없었다. 투자자들은 모두 우리가 가치를 창출해 줄 것이라고 믿었기 때문에 자발적으로 투자한 것이다.

우리는 또한 우리 회사에 납품하는 사람들을 위한 가치도 창출한다. 납품업자들을 몇 년간 지켜보았는데 그 기업들은 모두 성장하고 번영해 가고 있음을 알 수 있다. 납품업자들도 강제적으로 납품하도록 요구받은 사람은 없다. 모두 자율적으로 사업을 진행하는 것이다. 납품업자들은 우리 '홀 푸드'가 더 잘 되도록 만들어 주었고, 마찬가지로 우리도 그들이 더 잘 되도록 하고 있다.

팔머: 당신은 그런 철학을 '책임 있는 자본주의(conscious capitalism)'라고 표현하는데, 그것은 무엇을 의미하는가?

맥키: 나는 기업의 '사회적 책임'이나 빌 게이츠(B. Gates)가 쓰는 '창조적 자본주의' 혹은 '지속적 자본주의'처럼 혼란을 불러일으키는 다른 개념과 구별하기 위해서 '책임 있는 자본주의'라는 용어를 쓴다. 우리는 네 가지 원칙에 기반하여 '책임 있는 자본주의'에 대한 매우 명확한 정의를 내리고 있다.

그 첫째 원칙은, 기업활동은 돈을 벌고자 하는 목적을 포함하지만 그것을 넘어 훨씬 더 큰 목적을 실현시킬 잠재력을 가지고 있기 때문에 그것을 구현하겠다는 것이다. 모든 기업활동은 더 높은 목적을 실현시킬 잠재력을 가지고 있다. 우리 사회의 모든 사업과 직업은 이익의 최대화라는 제한된 목적만을 위한 것이 아니며 보다 숭고한 목적을 실현시키고자 하는 동기를 가지고 있다. 의사는 사회에서 가장 높은 급여를 받는 사람들 중의 하나이지만, 그들은 사람들을 치료할 목적으로 그 직업을 갖게 된 것이다. 그것은 의대 재학 중에 배운 직업윤리이기도 하다. 물론 탐욕적인 의사가 없다고 말하는 것은 아니다. 그러나 적어도 많은 의사들은 환자를 진심으로 보살피며 아픈 환자를 낫게 하려고 모든 노력을 기울이고 있다.

마찬가지로 학생을 교육시키는 교사와 건물을 디자인하는 건축가, 그리고 사회를 정의롭고 공정하게 만들려고 노력하는 변호사들도 많다. 모든 직업에는 자기 이익을 최대화하려는 것 외에도 더 큰 목적이 있는데, 기업활동도 마찬가지다. '홀 푸드'는 식료품점이기에 우리는 고객들에게 더 좋은 품질의 자연 유기농(organic) 식품을 공급하는 방법으로 그들이 더 건강하고 더 오래 살 수 있도록 돕는다.

팔머: 그러면 두 번째 원칙은 무언인가?

맥키: '책임 있는 자본주의'의 두 번째 원칙은 내가 앞에서 암시한 바 있었는데, 이해 당사자(stakeholder) 원칙이다. 여기서 말하는 이해 당사자란 기업활동이 창출하는 가치를 필요로 하는 사람들과 사업에 영향을 미치는 사람들을 위하여 관심을 갖고 배려하는 것을 말한다. 기업활동을 하는 회사는 고객, 피고용자, 납품업자, 투자자 그리고 공동체를 포함한 모든 독립적 이해 당사자를 위해 가치를 창출하고자 노력해야 하며, 기업활동은 그런 복합성을 잘 이해해야 한다.

세 번째 원칙은, 기업활동은 높은 윤리의식을 갖고 사업목적을 최우선 가치로 하는 리더(leader)를 필요로 한다는 것이다. 회사의 리더들은 사업 목적을 구현하고자 노력하고, 동시에 이해 당사자 원칙을 실현시키려고 노력해야 한다. 리더는 사업을 통해 달성하고자 했던 모든 목적을 실현해 내지 않으면 안 된다.

'책임있는 자본주의'의 네 번째 원칙은 사업 목적, 이해 당사자 그리고 리더십을 지원하는 문화(culture)를 창출해 내야 한다는 것이다. 그런 문화에 기반함으로써 모든 것들은 서로 연결되고 함께 조화를 이루는 것이 가능해진다.

팔머: 그렇다면 아침에 일어났을 때 실제 당신은 그런 원칙에 따라 동기부여가 된다는 말인가? "돈을 더 많이 벌겠다"는 것과 "추구하는 핵심적 원칙에 충실하겠다"는 것 가운데 어느 것에 더 동기 부여를 받는가?

맥키: 그 문제와 관련해서 나는 실제로 좀 다른 위치에 있다. 지난 5년 동안, 나는 '홀 푸드'로부터 보너스를 포함하여 어떤 급여도 가져가지 않았으며, 나에게 배분된 주식을 팔 수 있는 스톡옵션(stock option) 권리조차 가난한 사람들에게 소규모 금융대출을 해주는 '홀 플래닛 파운데이션(Whole Planet Foundation)'에 돌아가도록 해놓고 있다. 나는 사업 수행의 대가로 받게 될 돈이 얼마냐에 대한 관심보다 '홀 푸드'가 지향하는 목적을 실현시키고자 하는 동기에 따라서 행동한다. 더구나 나는 소유한 주식을 포함하여, 내가 개인적으로 필요로 하는 만큼 이

상의 충분한 부(富)를 가지고 있다고 믿는 사람이다.

팔머: 그렇다면, 사업 목적이 무엇인지 다시 한 번 말해 주었으면 한다.

맥키: 홀 푸드(Whole Food)가 실현시키고자 하는 목적이라…… 시간이 많았다면 좀 더 긴 시간을 갖고 홀 푸드의 사업 목적에 대해 말할 수 있을 것이다. 2주 전에 나는 우리 회사의 리더그룹에게 이야기한 적이 있다. 약 1분에 걸쳐 우리 회사는 일곱 가지의 핵심 가치를 위해 설립된 것이라고 말한 바 있다.

첫 번째 핵심가치는 고객을 만족시키고 즐겁게 해주어야 한다는 것이다.

두 번째 핵심가치는 함께 일하는 직장 동료의 행복과 능력을 키우는 것이다. 그것은 웹 사이트를 통해 모두 공개되고 있다.

세 번째 핵심가치는 이익과 성장을 통해 부를 창출한다는 것이다.

네 번째 핵심가치는 우리가 사업하는 공동체에서 훌륭한 시민으로의 역할을 다한다는 것이다.

다섯 번째 핵심가치는 자연환경을 지켜가며 사업을 수행하는 것이다.

여섯 번째 핵심가치는 우리 회사의 납품업자들을 파트너로 여기며 그들과 서로 상생(win-win)관계를 만들어 나가는 것이다.

마지막 일곱 번째는 우리의 이해 당사자들에게 건강한 생활스타일과 건강한 식사법을 교육시키기를 추구한다는 것이다.

우리가 궁극적 목표로 하는 것은 숭고한 핵심가치를 더 확대시키는 것이다. 궁극적으로 '아메리카를 치유하자(to heal America)'는 것이다. 아메리카에는 비만하거나 아픈 사람도 있고, 형편없는 식사를 하는 사람도 많고, 심지어 심장병과 암, 당뇨병으로 죽어가는 사람들도 많기 때문이다.

두 번째로 우리는 또한 농업 시스템을 더 좋게 개선시킬 목적을 가지고 있다. 그것은 보다 지속가능한 농업 시스템을 만들고, 보다 높은 수준의 생산성을 유지할 수 있게 만드는 것이다.

세 번째의 더 숭고한 사업목적은 그래민(Grameen) 상호금융이나 다른 소규모 신용대출 조직과 함께 하는 '홀 플래닛 재단'(Whole Planet Foundation)과 관련된 것으로, 전 지구적 차원에서의 빈곤 퇴치에 협력하는 일이다.(*편집자 주: 그래민 은행과 상호금융은 가난한 나라 사람, 특히 여성들이 더 나은 삶을 지향할 수 있도록 소규모 금융대출을 지원해 주는 조직이다.) 이 재단은 이미 가난한 수십만 명에게 긍정적 영향을 주고 있다. 현재 34개국에서 활동하고 있지만 2년 뒤에는 56개국에서 활동하게 될 것이다.

마지막으로, 우리가 가진 네 번째 더 숭고한 목표는 책임 있는 자본주의의 확장이다.

팔머: 기업활동의 목적에 대해 말씀하셨는데 그렇다면 기업이윤을 취하는 것은 무엇 때문인가? 이윤 극대화가 목적이 아니라는 것인가? 아니면 이익을 취하지 않으면서 그 모든 것을 한다는 것인가? 실제로 그렇다면 필요로 하는 비용을 감당할 충분한 자금을 만들 수 없는 것이 아닌가?

맥키: 그에 대한 하나의 답변으로 말할 수 있는 것은, 필요로 하는 비용을 충당하기 위해서 충분한 돈을 버는 것에만 치중한다면 우리가 할 수 있는 역할은 매우 제약될 것이 분명하다는 것이다. 홀 푸드는 15년 이전이나 혹은 30년 전에 했던 것보다 훨씬 더 커다란 역할을 감당해 내고 있다. 우리 목적을 더 잘 실현시킬 만큼 성장해 왔기도 했고, 꾸준히 높은 이익을 내기도 했기 때문이다. 수천 명만을 지원하던 수준을 넘어 이제는 수백만 명을 지원하는 수준에 도달해 있다. 따라서 이익을 내는 것은 우리 목적을 더 잘 실현하기 위해서 필수적인 것이다. 이윤을 내야 세계를 혁신시키고 더 진화시킬 수 있는 자원을 확보할 수 있다. 이윤이 없으면 진화도 없다. 이윤을 내는 것과 목적을 실현하는 것은 상호 의존적인 것이다.

팔머: 그렇다면 기업 이윤이 이해 당사자들에게 돌아가는 경우, 그것도 과제를 실현하는 것이라고 할 수 있는가?

맥키: 사업을 통해 얻어진 이익의 대부분이 이해 당사자의 주머니로 들어가지는 않는다. 주식 배당금으로 지급하는 양은 상대적으로 매우 적다. 벌어들인 이익의 90% 이상은 성장을 위한 사업에 재투자된다. 엄밀히 말해, 벌어들인 이익의 100%가 모두 배당으로 지급된다면 이해 당사자들에게만 혜택이 돌아간 것이라고 볼 수 있다. 그러나 부동산 회사인 REIT(Real Estate Investment Trust) 외에는 어느 기업도 이익의 전부를 배당하는 회사는 없다. 모든 다른 기업들도 마찬가지로 성장을 위해 재투자해야 한다.

그리고 사업 이익이 이해 당사자에게도 배분되어야만 각 사업이 처음 시작될 때 투자를 받을 수 있게 된다. 만약 투자자와 같은 이해 당사자들에게 이익을 배분하지 않는다면 우리가 실현하고자 하는 더 큰 목적을 실현시킬 자본은 형성되지 않을 것이다. 기업이 처음에 투자한 자본의 가치를 증가시키는 방법은 오직 그 기업이 가치를 창출할 수 있느냐에 달려 있다. 마찬가지로 기업이 가치를 창출해 낼 능력을 갖고 있느냐를 측정하는 방식의 하나가 바로 주식 가격으로 반영되는 것이다.

팔머: 때때로 자유시장이 불평등을 만들어 낸다고 말하는데, 당신은 그런 주장에 대해 어떻게 생각하는가?

맥키: 그것은 사실이 아니라고 생각한다. 인류 역사의 거의 대부분 동안 인간은 극도의 빈곤상태에 머물러 있었으며 그것이 오히려 정상적 상태였다. 모든 인류는 똑같이 가난했고, 매우 짧은 삶을 사는 데 그쳤다. 2백 년 전만 해도 지구상에 살고 있던 인류의 85%는 지금 가치로 하루 1달러도 안 되는 적은 돈으로 살아야 했다. 85%나 되는 인류가 그 수준에 있었다. 이제 그 숫자는 불과 20%로 축소되었고, 21세기 말에 이르면 그 숫자는 실제 거의 제로에 도달할 것이다. 물결이 몰려오듯 인류는 점차 부유해지고 있다. 인류는 전반적으로 빈곤으로부터 벗어나고 있다. 나아가 인류가 실제 진화되는 것은 물론 문화 수준도 진전되고, 지적 수준도 진화하고 있다. 따라서 인류가 스스로를 파멸시키지만 않는다면, 지속적으로 상승적 나선형상으로 나아가게 될 것이다. 그러나 인간은 때때로 호전적이기 때문에 전쟁에 의한 파괴 위험은 여전히 남아 있다.

어쨌든 우리가 기업활동을 통해 부(富)의 창출을 확대시키고자 노력해야 하는 이유의 하나도 바로 빈곤을 벗어나기 위해서이다. 부를 창출한다는 것은 군사주의나 정치 대립, 그리고 부의 파괴와 비교해 볼 때 훨씬 건강한 방법으로 인류의 에너지를 분출하게 하는 수단이기도 하다. 그렇지만 그것은 또 다른 거대한 주제에 해당한다.

그럼에도 불구하고 자유시장이 불평등을 만든다고 주장되고 있다. 분명한 것은 자본주의란 불평등을 만든 것이 아니고 오히려 인류를 획기적으로 번영시키는 데 기여했다. 물론 모든 사람들이 동일한 속도로 부유해졌다는 말을 하는 것은 아니다. 그러나 시간이 가면서 궁극적으로 우리 모두가 가난으로부터 벗어나게 될 것이다. 특히 지난 20년 동안 자본주의를 확대해 온 중국과 인도에서 수억 명의 사람들이 빈곤에서 탈피한 사례에서 볼 수 있듯이, 실제 인류는 점차 빈곤으로부터 벗어나고 있다. 물론 일부 사람들이 다른 사람들보다 먼저 빈곤에서 벗어나 번영의 길에 들어서는 것도 사실이다.

자유시장은 빈곤을 만드는 것이 아니라 빈곤을 종식시키고 있다. 대부분의 사람들이 자본주의란 용어를 통해 연상하는 것처럼 자본주의가 불평등을 만들어내는 것은 결코 아니다. 인류 역사에 존재했던 어떤 형태의 사회조직에서도 불평등은 항상 있었다. 사회의 모든 재산을 똑같이 소유하는 사회를 만들겠다는 목적을 가지고 있던 공산주의(共産主義)조차 더 계급화되어 있고, 고도의 특권을 가진 엘리트가 지배한다. 따라서 불평등이 존재한다고 해서 자본주의가 비난받아서는 안 된다. 자본주의는 사람을 빈곤으로부터 벗어나게 만들어 왔고, 보다 번영된 사회를 만들며 부유하게 살도록 만들고 있다. 우리는 바로 그것에 주목해야 한다.

우리가 사는 세계에 존재하는 중대 문제는 오히려 자유시장적 자본주의를 채택하여 부유해진 나라들과 자유시장적 자본주의를 거부함으로써 여전히 가난한 상태에 있는 나라들 간의 격차 문제이다. 문제의 본질은 결코 일부만 부유해졌다는 사실이 아니라, 다른 수많은 사람들이 여전히 가난한 상태에 머물러 있다고 하는 사실이다. 그런 상황은 피할 수 있었던 것인데도 말이다!

팔머: 당신은 이익을 내며 기업활동을 수행하는 또 다른 체제로 흔히 '연고 자본주의(crony capitalism)'라 불리는 것과 자유시장적 자본주의를 명확히 분리해 왔다. 당신이 도덕적으로 구현하고자 했던 목표와 세상에 실재하는 많은 국가들 간의 차이는 무엇인가?

맥키: 우리는 무엇보다 '법에 의한 지배'를 중시해야 한다. 모든 사람에게 공통적으로 적용되는 법을 가져야 할 뿐만 아니라, 양심에 따라 법을 집행하겠다는 목표를 최우선으로 하는 정의(justice) 시스템이 작동되어야 한다. 법이 모든 사람에게 평등하게 적용되는 것에 최우선 목표를 두어야 하고, 그 어떤 특별한 사람에게조차 특권이 주어져서는 안 된다.

많은 나라에서 발생하고 미국에서도 점점 더 발생되는 문제는 정치적 커넥션을 가진 사람에게 특별한 혜택이 주어지는 것이다. 그것은 잘못된 것이고 나쁜 것이다. 연고 자본주의 때문에 겪는 수준에 따라 나라마다 차이는 많이 있지만, 내 친구인 마이클 스트롱이 "크래피텔

리즘(crapitalism)"이라고 부르는 것은 결코 자유시장적 사회라고 볼 수 없다. 당연히 효율적인 번영을 창출할 수도 없다. 그런 사회는 수많은 사람들을 덜 부유한 상태로 계속 남아 있게 만든다. 엄격하게 시장경제가 유지되고 시장질서를 지탱하는 법에 의한 지배가 관철되는 사회였다면 그들은 더 부유하게 살 수 있었을 것이다.

팔머: 우리가 살고 있는 미국 문제로 돌아가자. 미국에도 연고주의(cronyism)가 있다고 생각하는가?

맥키: 현재 내가 겪고 있는 실례를 들고 싶다. 두 가지다. 하나는 보험료를 내지 못하는 저소득층에게도 의료혜택을 확대 보장할 목적으로 만들어진 오바마케어(Obamacare)다. 법 개정에 따라 오바마정부가 의료비 부담을 면제해 주는 사람은 기하급수적으로 많아지고 있는 것이 현실이다. 그것도 일종의 연고 자본주의다. 법이 모든 사람에게 평등하게 적용되고 있지 않다. 의료비 면제를 부여할 권한이 있다면 면제제도를 거부할 수 있는 권한까지 있어야 했지만 그렇지 못했다. 과도한 수준으로 세금을 내는 사람이 세금을 내지 않는 사람의 의료비를 부담하도록 강제하고 있다. 마찬가지로 정당에 기부금을 내지 않은 사람들이나, 무슨 이유에서든 좋아하지 않는 사람을 대상으로 그들의 권리를 제한할 수 있는 것은 잘못된 것이다. 그것은 일부 혹은 특정한 사람에게 법을 선택적이고 임의적으로 적용할 수 있다는 것을 의미하기 때문이다. 그런 것들이 바로 연고 자본주의의 모습들이다.

두 번째 예를 든다면, '녹색 기술(green technology)' 분야에 지원되는 보조금에도 연고 자본주의가 진행되고 있다. 정부가 특정 사업에 임의로 보조금을 지급하고 있기 때문이다. 정부는 스스로 어떤 돈도 벌어들이지 못하는 기관이기에 정부가 지급하는 모든 돈은 궁극적으로 세금 납부자들로부터 거둬들인 것이다. 그럼에도 불구하고 정부가 특정기업에 혜택을 주는 것은 정치적으로 특정인에게 혜택을 배분하는 것이나 마찬가지다. 파산 위기에 처한 제너럴 일렉트릭(General Electric)과 관련되어 진행되는 일을 지켜보면, 특별 면세나 세금환급 방식으로 궁극적으로는 국민이 낸 세금이 특정 기업에 투여되고 있다. 대안적 에너지 기술 분야에 집중 투자하고 있다는 것을 이유로 제너럴 일렉트릭(GM)의 수익 대부분에 대한 세금이 면제되고 있다고 말하지만, 실제 그 기업이 혜택을 받게 된 것은 정치적 연고가 있기 때문이다. 나는 국민 세금을 연고에 따라 배분하고 혜택을 베푸는 것은 매우 잘못된 것이라고 생각한다.

팔머: 그것을 부도덕한 것이라고 말할 수 있는가?

맥키: 물론이다. 부도덕한 것이다. 그것이 무엇을 의미하는 것인지를 명확하게 할 필요가 있다. 특별한 혜택을 주는 것은 내가 판단하는 윤리 기준에 분명히 위반되는 것이고, 정당성에 따른 판단 기준에 입각하더라도 잘못된 것이다. 물론 다른 사람의 윤리 기준에도 어긋난 것인가에 대해선 내가 말하기 어렵다. 그러나 나는 그런 특별 혜택을 부여하는 제도를 좋아하지도 않으며, 확고히 반대한다. 그것은 사회가 어떻게 운영되어야 하는가에 대한 나의 사고와도 배치된다. 그런 방식은 법치주의가 확고하게 관철되는 사회에서는 결코 일어날 수 없는

일들이다.

팔머: 그렇다면 당신이 확립하려는 자유시장적 자본주의에서 가장 많은 것을 얻어갈 수 있는 사람은 누구라고 보는가?

맥키: 당연히 모든 사람들이다! 사회의 모든 사람들이 함께 혜택을 보게 된다. 자본주의는 빈곤으로부터 상상할 수 없을 정도로 인간성을 지켜주었다. 미국 대륙을 잘 사는 나라로 만든 것도 자본주의. 잘 알다시피, 우리 모두는 극히 가난했었다. 미국은 기회의 땅이었지만 잘 사는 나라는 아니었다. 미국이 완벽한 나라는 분명히 아니었지만, 미국은 지난 몇 백 년 동안 세계에서 가장 자유로운 시장제도를 유지했다. 그 결과 미국은 가난한 나라에서 탈피하여 번영되고 명실상부하게 부유한 나라로 성장하게 되었다.

팔머: 맥클로스키(McCloskey)는 그녀의 책『부르주아의 존엄성(Bourgeois Dignity)』에서 기업활동과 기업가적 혁신을 보는 사고의 변화가 평범한 사람들까지 번영을 누릴 수 있게 만들었다고 지적했다. 부를 창출하는 기업활동(business)이 존중받는다는 것이 무엇을 의미하는 것인지 다시 한 번 요약해 줄 수 있겠는가?

맥키: 물론이다. 로널드 레이건(R. Reagan)이 당선되었을 때 어떤 일이 있었는지 보아야 한다. 1970년대에 미국은 쇠퇴상태에 있었다는 사실은 누구도 부인하지 못한다. 물가상승과 이자율은 어느 정도였고, 국민총생산(GDP)은 어느 수준에 있었는지, 그리고 불황은 얼마나 자

주 반복되었는지를 보면 안다. 미국은 저성장 속에서도 물가상승을 겪어야 했는데, 그것은 바로 케인지안(Keynesian) 철학에 내재된 깊은 오류를 보여주는 것들이다. 그런 후에 레이건정부가 들어서는 세금을 축소시켰고, 규제완화를 통해 수많은 기업들이 자유롭게 사업할 수 있게 만들었다. 그 결과 미국은 부흥기를 맞이했고 재탄생할 수 있었다. 그것은 지난 25년 이상 계속되었다. 우리는 성장과 진보라는 상승적 나선형상에 있었다.

그러나 불행하게도 우리는 다시 후퇴의 길을 가고 있다. 적어도 몇 걸음은 후퇴했다. 첫 번째로 나는 대통령들과 정치인들 모두에게 책임이 있다고 본다. 레이건 대통령이 모든 면에서 완벽했다는 것은 아니지만, 최근 들어 부시(Bush) 대통령이 그런 후퇴를 확실히 가속화시켰다. 지금 오바마(Obama) 대통령은 다른 어떤 대통령이 전에 했던 것보다도 더 잘못된 방향으로 이끌어가고 있다.

그럼에도 나는 기업가이기 때문에 낙관적으로 생각한다. 거대한 흐름을 바꾸는 것이 불가능하다고 보지는 않는다. 되돌릴 수 없는 쇠퇴의 길로 가게 되리라고는 생각하지 않는다. 그러나 우리는 가까운 장래에 중대한 변화를 만들어 내지 않으면 안 된다. 그렇지 않으면 다시 불황으로 가는 길밖에 없다. 세금을 올리지 않고 기업을 옥죄지 않으면서 변화를 만드는 조치를 취하지 않거나, 변화를 감내하기를 거부한다면, 우리는 불가피하게 쇠퇴의 길로 들어설 것이다. 그러나 지금까지도 나는 여전히 희망을 갖고 있다!

팔머: 자본주의가 획일성을 만든다고 보는가, 아니면 다양성을 만

들어낼 여건을 조성한다고 보는가? 예를 들면, 유태인 음식(kosher food)과 이슬람 음식(halal food)을 좋아하는 사람에 관한 것이나 종교적, 혹은 문화적 소수자와 성적(性的) 소수자 등의 문제를 말하는 것이다.

맥키: 다른 문화를 즐기는 것을 언급하는 것은 이미 답을 알고 말한 것이다. 자본주의란 자신은 물론이고 다른 사람을 위해 가치를 창출하고자 서로 협력하는 시스템을 말하는 것이다. 그것이 바로 자본주의다. 물론 자본주의에는 이기심도 기본 요소이다. 핵심은 협력을 통해 가치를 창출할 수 있게 되면서 자신은 물론 다른 사람을 위해서도 협력하게 되는 것이다. 인간이 원하는 욕구는 매우 다양한데, 자본주의는 생산적 방식으로 다양성을 실현시킬 여건을 만들어 낸다. 시장을 통한 협력을 의미하는 자본주의는 어찌보면 다른 사람이 원하는 욕구를 충족시킬 목적으로 작동되는 것이다. 그렇기에 자본주의는 각자의 개성을 지켜낼 수 있는 상상할 수도 없이 좋은 환경을 조성한다.

권위주의(authoritarian) 체제에서는 특정 세력이 자신의 가치를 다른 모든 사람들에게 강요한다. 여기에서 말하는 특정 세력이란 종교적 위계질서로 형성된 집단일 수도 있고, 다른 사람이 원하는 것이 무엇인지를 다 알고 있다고 생각하는 광신적 집단일 수도 있다. 그런 특정 이해집단이 나머지 다른 사람들에게 명령하거나 강요하는 사회가 바로 권위주의적 사회이다. 그러나 자본주의 사회는 각자의 개성을 유지할 수 있는 여건을 보장한다. 자본주의 사회는 수십억 개의 꽃들이 성장하고 번성하는 환경을 만들어 내는 것이라고 볼 수 있다. 인간성의 실현이야말로 자본주의의 목표이자 이상이면서도 자본주의가 창조하려고 했던 것이기 때문이다.

팔머: 당신이 말하는 정의롭고 도전적이며, 번영하는 미래를 지향한다는 비전이란 무엇을 말하는가?

맥키: 우리는 자본주의 옹호자들이 사용해 온 전략들이 자본주의를 공격하는 비판자들의 손에 장악되어 있다는 사실을 먼저 이해하는 것이 중요하다. 자본주의 옹호자들은 그 비판자들에게 도덕적 기반을 내어주고 말았다. 자본주의를 비판하는 자들은 자본주의를 착취적인 것이고, 탐욕적이며, 이기주의적인 시스템이라고 공격해 왔다. 그럼에도 불구하고 자본주의를 지켜내야 할 사람들은 자본주의가 불평등을 양산하고, 노동자를 착취하며, 소비자를 속이고, 나아가 공동체를 붕괴시키며, 환경을 파괴한다고 선전하는 것을 용납해 왔다. 자본주의 옹호자들은 자본주의 비판자들에게 중요한 도덕적 근거를 이미 양보했기 때문에 사실과 다른 근거 없는 공격에 대해 어떻게 대응해야 할지를 알지 못했다.

이제부터라도 이기심은 부정적인 것이라는 과도한 집착에서 벗어나야 한다. 자본주의가 창출해 온 가치를 정당하게 보기 시작해야 한다. 자본주의가 만들어 내는 가치란 단지 투자자만을 위한 것이 아니고, 기업활동과 관련된 모든 사람을 위한 가치창출이라는 것을 분명히 해야 한다. 자본주의적 기업활동은 납품업자를 위한 가치도 창출하고, 사회 전체를 위한 가치도 창출한다. 마찬가지로 정부를 위한 가치까지도 창출한다. 만약 광범위한 기업활동 영역이 존재하지 않는 사회라면 일자리를 창출할 그 어떤 직업도 만들어 내지 못한다. 또한 수입과 부를 창출하는 영역이 없어지게 되면서 세금을 납부할 주체도 없어지게 되기 때문에 결국 세금으로 운영되는 정부가 할 수 있는 일도 없어지게 되는 것이다.

자본주의야말로 가치 창출의 기반이다. 그리고 지속적인 사회협력이 가능하도록 만드는 가장 신비한 도구가 바로 시장(market)이다. 이것이 우리가 말하려고 했던 것이다. 그렇기에 자본주의와 관련된 담론체계를 바꿔야 한다. 윤리적 시각에 입각하여 자본주의에 대한 담론체계를 변화시켜야 한다. 자본주의는 소수 특정인을 위해서가 아니라 모든 사람이 공유할 가치를 창출하고 있다는 것을 보여주어야 한다. 만약 우리가 보는 시각으로 다른 사람들도 자본주의를 이해하기 시작한다면, 우리가 자본주의를 사랑하듯이 다른 사람들도 자본주의를 사랑하게 될 것이다.

팔머: 시간 내주신 것에 감사드립니다.

맥키: 네, 즐거운 시간이었습니다.

제 4 부
글로벌 자본주의
(Globalizing Capitalism)

경제발전은 법적 규칙과 사적 재산권에 기반하여 진화해 온 자유경제 및 정치질서와 깊이 연계되어 있다. 어느 사회에서 시도되었든지 간에 강력한 중앙계획 경제는 재화를 창출하는 데 실패했다. 경제적 자유를 막아온 장벽을 제거한 크고 작은 국가들에 대한 많은 사례가 있다. 중국과 뉴질랜드, 그리고 아일랜드가 그들이다. 이런 국가들의 공통점은 사람들이 자유롭게 경제적 개선을 추진할 수 있게 되면서 주목할 만한 경제성장을 이뤄냈다는 사실이다.

1. 글로벌 자본주의와 정의
(Global Capitalism and Justice)

준 아룽가(June Arunga)

준 아룽가는 다음의 글에서 아프리카에 자유시장적 자본주의가
정착되어야 한다는 것을 촉구하면서, 다른 한편으로 아프리카인이
무역의 자유를 통해 세계경제에 참여하는 것을 반대하는 사람들에
맞서는 논리를 펼친다.

아룽가는 자유무역을 지지하는 체계적 논리를 견지하면서, 외
국 투자자나 기득권을 가진 엘리트들이나 외국 투자자들에게만 특
권이 제공되고 그 외의 다른 사람들은 동등한 조건에서 투자하고
무역에 참여할 수 없게 하는 '무역 지대(trade zone)' 정책을 비판한
다. 그녀는 아프리카인들에게 개인 소유권이 존중되어야 한다는 것
과, 특권층과 독점세력에 의해 변형되지 않은 자유시장적 자본주의
가 정착되어야 한다는 것을 강조한다.

아룽가는 사업가이자 케냐의 영화 제작자이다. 오픈 퀘스트 미

디어의 설립자이자 최고경영자로서 아프리카에 있는 통신회사들과 협력사업을 추진해 왔다. 그녀는 아프리카에 관한 2개의 다큐멘터리를 제작했는데, 그 중의 하나는 그녀가 카이로에서 케이프타운까지 6주 동안 5천 마일을 이동한 기록인 〈악마의 보행길〉(The Devil's Footpath)이다. 또 다른 하나는 그녀가 가나 전 대통령 제리 롤링스(J. Rawlings)와의 토론 내용을 담은 〈누가 비난받아야 하는가?(Who's to blame?)〉이다. 영국 버킹엄대 법학과를 졸업한 그녀는 『케냐의 휴대폰 혁명(The Cell Phone Revolution in Kenya)』을 공저했고, 인터넷의 'AfricanLiberty.org'에 비평을 쓰고 있다.

경험에 비춰 보면, 이해 충돌의 상당 부분인 거의 90% 정도가 서로에 대한 정확한 정보의 부족에서 비롯된 것이다. 한 쪽의 문화 공간에서 다른 문화 공간으로 옮겨갔을 때 특히 더 심하다. 아프리카는 오랫동안 보호주의와 민족주의, 그리고 상호간의 오해 때문에 서로 격리되어 있었다. 이제 비로소 아프리카 간의 무역이 급격하게 증가하는 실정이다. 아프리카 간의 무역 증가는 분명 축하할 일이다. 그런데 일부 사람들은 무역의 증가를 두려워한다. 나는 그런 사람들에게 보다 정확하고 풍부한 정보가 필요하다고 생각한다.

세계화는 계속되고 있는데 우리 아프리카인들은 세계화를 환영해야 한다. 세계화는 전 세계적 영역으로 기술을 이전시키고, 필요한 기술에 접근할 수 있게 만든다. 그럼으로써 훨씬 더 많은 것을 가능하게 한다. 그럼에도 많은 사람들은 세계화를 비난하거나 배척한다. 어떤 문제 때문에 그러는 것인가? 나는 지난 2002년 내 눈을 뜨게 해줬던 책인 『글로벌 자본주의의 옹호』(In defense of Global Capitalism)의 저자인 스웨덴 경제학자 요한 노르베르그(Johan Norberg)를 만났던 적이 있다. 그때 나는 노르베르그의 정보 다루는 방법에 감명을 받았다. 그는 자유무역에 반대하는 사람들을 무시하지 않았다. 오히려 그들의 얘기를 듣고, 그들의 시각을 생각해 보면서 그들이 가진 정보를 확인했다. 사실에 입각한 정보를 기반으로 노르베르는 처음에 자본주의를 받아들이도록 만드는 것이 무엇인가를 분석하였다.

나는 국제무역에 의해 가장 혜택을 볼 수 있는 사람, 즉 가난한 사람들의 시각을 취하는 그의 방법에 감명을 받았다. 노르베르그는 세계를 여행하면서 질문을 던졌고, 결코 사람들이 생각을 바꾸어야 한다는 식으로는 말하지 않았다. 오히려 그들이 생각하고 있는 것을 말해 달라고 요청했다. 무역가와 상인이든, 기업의 피고용인으로서든 국제무역에 관련된 기회를 가진 가난한 사람들에게 질문하는 과정에서 공식면담자들이 놓쳤던 새로운 사실을 밝혀냈다.

그의 질문은 다음과 같았다. 새로운 공장에서 일하게 된 것이 여러분의 삶을 개선시켰는가 아니면 악화시켰는가? 처음으로 휴대폰을 사용하게 된 후 여러분의 삶이 나아졌는가 아니면 나쁘게 됐는가? 소득이 오르고 있는가 아니면 떨어지고 있는가? 여행은 어떻게 하고 있는가? 도보로 하는가? 아니면 자전거로, 오토바이로, 자동차로 하는가? 오토바이를 타는 것이 나은가 아니면 걷는 게 좋은가?

노르베르그는 현장에서 사실을 찾는 방법을 강조한다. 관련된 사람에게 실제 자유무역이 삶을 향상시켰는지 물어본다. 항상 개별적 개인의 구체적 시각과 생각을 듣기를 원했다.

아프리카에서 정부가 우리에게 하는 일이 무엇인가를 질문해 보아야 한다. 정부는 오히려 우리에게 손해를 끼치는 경우가 많다. 정부는 우리로부터 거두어 가기만 하고, 무역을 못하게 하기도 한다. 그 결과 아프리카의 정부들은 가난한 사람을 억압하고 있다. 저임금 국가들 중의 일부에서는 법규가 없다는 이유로 국내 투자자들(local investor)이 경쟁하는 것을 허용하지 않는다. 투자하고 경쟁하는 것을 허용하지 않는 것이 그 국가가 저임금 국가로 남게 만드는 이유일 것이다. 왜냐하면 저임금 국가의 정부는 외국 투자자는 존중하면서도 자국민들은 존중하지 않아서 투자가 제한되고 활성화되지 않기 때문이다.

가난한 국가의 정부는 '외국 투자자'를 끌어들이는 데에만 초점을 맞추지 자국민을 시장으로 끌어들이는 것을 꺼려한다. 시장을 개방하여 자유롭게 경쟁할 수 있게 만드는 것은 자국민에게 해당되는 사안이 아니라고 본다. 국민들은 '자기 나라에 대한 지식'은 물론이고 무슨 사업을 해야 하는지에 대한 더 높은 통찰력과 이해력을 갖추고 있다. 하지만 대부분의 아프리카 정부는 해외 기업이나 자국 내 특별한 이익집단들은 지원하면서도 정작 대다수의 국민들이 사업을 통해 시장에 진입하여 경쟁하는 것은 막고 있다.

예를 들어, 은행업과 물 공급과 같은 서비스업에서 국내 경쟁을 억제시키는 경제 규제방식은 소비자 선호, 사회간접시설, 기술 등과 관련된 국가 내 지식을 활용할 수 있는 국민의 능력을 무시하는 것이다.

자국의 국민들은 밀어내서 경쟁할 수 없게 만들어 놓고, '해외 투자자들'에게 특별한 호의를 베푸는 것은 진정한 '세계화'가 될 수 없다. '해외 투자자'를 유치하기 위해 만든 '특별 경제구역'이 좋은 생각이라면, 정부는 왜 국내의 대다수 국민들이 그런 경제지역에 투자하고 참여함으로써 누릴 수 있는 혜택과 기회를 박탈하는가? 정부는 왜 모두를 위한 자유무역이 아닌 해외 투자자들만을 위한 특별 경제구역만을 고려하는가? 자유무역이란 경쟁을 원하지 않는 국내 엘리트들이나 고위 관료, 그리고 장관과 특별 접견을 할 수 있는 해외 투자자들을 위한 특권이 되어서는 안 된다. 그것은 모든 사람들에게 동등하게 참여할 수 있는 자유경쟁이어야 한다.

제한된 외국 기업만이 정부로부터 특별한 대우를 받을 때 그것은 '자유무역'이 아니다. 정부 규제로 국내 회사들에게는 시장 참여가 봉쇄될 때, 그것은 '자유 무역'이 될 수 없다. 자유무역이란 모두에게 동등하게 적용되는 법규여야 한다. 자유무역은 자연적이고 자발적인 교환에 참가하고자 하는 모두에게 자유가 부여되는 것을 말한다.

아프리카인의 번영은 해외원조 방식이나 쉽게 지원받는 돈으로 만들 수 있는 것이 아니다. 아프리카에 대한 많은 해외원조가 있었지만 그것은 가난한 사람들의 삶을 바꾸는 데 근본적 영향을 줄 수 없다. 오히려 그런 '지원'은 부패를 낳고, 보편적 법 적용만 훼손시킬 우려가 크다. 그것은 원조하는 국가의 사람들의 제한된 봉사활동을 구매하는 것에 해당될 뿐이고, 정상적인 무역관계를 왜곡시킨다. 선의의 '원조'가 만드는 최악의 문제는 정부와 국민을 단절시킨다는 사실이다. 원조하는 사람들은 아프리카에 있지 않고 멀리 파리, 워싱턴, 브뤼셀 등에 있기 때문에 아프리카의 본질적 상황을 이해하기 어렵다.

무엇보다 정상화되어야 할 것은 자유무역의 왜곡 현상이다. 힘 있는 특수관계를 가진 국내 엘리트들이 담당 장관을 포섭하는 방식으로 자유무역이 훼손된다. 국내 및 해외의 경쟁자들 간의 경쟁이 배제되고 독점권이 부여되면서 자유무역은 근본적으로 왜곡된다. 외국 엘리트가 정부와 공모하여 조건부 원조(tied-aid)와 같은 방식을 통해 정부로부터 독점권을 획득하게 되면서 자유무역과 자유경쟁은 훼손된다. 특정 당사자들 간의 거래가 고정됨에 따라 국내 및 국외의 다른 경쟁자들은 배제되는 거래가 그런 예이다. 그런 상호 결탁과 거래규제가 시장과 자유를 제약한다. 그 결과로 아프리카인들은 주어진 조건에서 최고의 질과 최적의 가격이 아닌 재화와 용역을 구매해야 한다. 선택의 자유가 없기 때문이다. 자유가 없으면 결코 발전할 수 없고 계속해서 가난한 상태로 남아 있을 수밖에 없다.

그런 경우에는 낮은 가격과 좋은 품질을 자유롭게 선택할 수 있는 권리만 도둑맞는 것이 아니다. 스스로의 혁신과 의지에 의거하여 우리가 가진 지식과 에너지를 활용하여 상황을 개선시킬 기회조차 도둑맞게 되는 것이다. 그것은 훨씬 더 중대한 범죄에 해당한다. 자유경쟁과 자유선택을 제한하는 보호주의와 특권주의는 경제적 파산으로만 이끄는 것이 아니라 지식, 용기, 성격, 의지, 결단 그리고 자기 자신에 대한 믿음까지 지속적으로 침체시킨다.

우리에게 필요한 것은 구체적 정보(information)이다. 생산하고 교환하는 현장에서 관련된 사람들과 대화를 나눠 봐야 한다. 그리고 구체적인 사실 여부를 확인해야 한다. 대부분의 사례들은 비밀이 아니지만 다들 정확하게 비교해 보려고 하지 않는다. 자유시장적 자본주의, 자유 무역, 그리고 법 앞의 평등이 국민들에게 번영을 창출할 수 있게 만든다는 증거는 실제 어디에서나 넘쳐난다.

아프리카인들이 필요로 하는 것은 잠재력을 실현시킬 수 있는 공동체를 만들어 낼 자유시장적 자본주의이다. 페루의 경제학자 에르난도 드 소토(Hernando de Soto)는 그의 저서 『자본의 미스테리(The Mystery of Capital)』에서 가난한 사람들이 삶의 질을 향상시키기 위해 '죽어 있는 자본(dead capital)'을 '살아 있는 자본(living capital)'으로 전환시킬 방법을 제시하였다. 자본이 부족한 것은 결코 아니다. 아프리카에도 많은 자본이 있지만 대부분은 삶을 향상시키는 데 사용되지 않는다. '죽어 있는 자본'으로 남아 있기 때문이다. 여기저기 널려 있는 자본들을 삶을 개선시키는 데 사용되는 '살아 있는 자본'으로 만들기 위해서는 소유권 제도의 개선이 절대적으로 필요하다. 각 개인들이 소유권을 가질 수 있을 때 자기가 가진 자원을 활용하여 삶을 질을 개선시키는 데 활용할 수 있다. 그런 의미에서 소유권은 보장되고 존중되어야 한다. 제한된 사람들에게만 무역하고 투자할 수 있는 특권이 부여되는 것이 아니라 모두가 법 앞에 평등해야 한다. 달리 말하면, 자유시장적 자본주의가 정착되어야 한다.

2. 세계화를 통한 인류 삶의 개선
(Human Betterment through Globalization)

버논 스미스(Vernon Smith)

경제학자이자 노벨상 수상자인 버논 스미스(Vernon Smith)는 다음의 글에서 시장 확대를 통한 부(wealth)의 성장을 추적한다. 그리고 세계적 차원의 자본주의가 어떻게 인간의 삶을 개선시키게 되었는지를 설명한다.

버논 스미스는 캘리포니아 채프먼대학의 경제학 교수이며 새로운 분야인 '실험 경제학(experimental economics)'의 선구자이다. 그는 상품과 자본시장, 자산 거품의 형성, 금융, 사업 주기, 자연자원에 관한 경제학, 그리고 시장 제도(market institution)의 발전 등을 연구하는 데 초점을 맞춰 왔다.

버논 스미스는 2002년 "경험적 경제분석, 특히 대안적 시장메커니즘 연구 방법으로 실험실에 의한 경험적 연구"를 인정받아 노벨경제학상을 받았다. 그는 학술저널에 경제학, 게임이론, 경제위기

등과 관련된 폭넓은 기고활동을 해왔다. 그는 『실험 경제학 논문』
(Papers in Experimental Economics), 『흥정과 시장행위』(Bargaining and
Market Behavior: Essays in Experimental Economics)의 저자이기도 하다.
스미스는 강연자로서도 세계적으로 유명한데, 새로운 통찰력으로
경제 작동을 분석하였을 뿐만 아니라, 경제학을 가르치는 데 실험
경제학을 이용하는 프로그램들을 개발하였다.

　다음 글은 2005년 9월 "FEE(The Foundations for Economic Educa-
tion)[43]의 저녁모임"에서의 강연을 발췌한 것이다.

　나는 오늘 낙관적인 메시지를 전달하고자 한다. 우리에게 주어진
과제와 지식을 전문화하도록 만드는 교환과 시장에 관한 것이다. 창출
되는 모든 부(wealth)의 비밀은 실제 전문화에 있고, 인류의 삶을 지속
적으로 개선시킬 수 있는 유일한 방법도 바로 전문화이다. 전문화야말
로 세계화의 본질이다.

　분명한 것은 우리 모두가 중첩된 교환 세계에서 동시에 활동한다
는 사실이다. 첫째, 호혜성(互惠性: reciprocity)에 토대를 두고서 작은 집
단과 가족, 혹은 공동체 규범을 공유하는 개인 및 사회적 교환의 세계
에서 산다. 흔히 "신세졌다"는 말은 자발적으로 다른 사람의 호의에
감사를 표현하는 말이다. 그것은 수많은 인류 언어에서 보편적으로 나

---

43) The Foundation for Economic Education. www.fee.org.

타나는 일반적 특징이다. 사냥, 채집, 도구 제작과 같은 개인적 교환은 원시시대 이래로 업무의 전문화를 불러왔다. 그런 전문화가 생산성 증진 및 복지의 토대를 만든 것이다. 노동 분업 구조에 따라 사람들은 일찍부터 세계 도처로 이주했다. 그런 면에서 전문화는 공식적인 시장이 출현하기 이전부터 세계화를 시작하게 만든 것이다.

둘째, 우리는 점점 더 낯선 사람들과 소통하고 협력하며 장거리 무역을 하는 비대면적(非對面的: impersonal) 시장교환의 세계에 살게 되다. 대면적인 교환활동 관계에서는 통상 다른 사람에게 유익한 행동을 하려는 경향이 있는 것은 분명하다. 반면에 비대면적 시장교환에서는 각자 자기 이익에 집중하는 경향이 강화됨에 따라 타인들에게 비협조적일 것이라는 예상을 하지만, 실험 결과를 보면 전혀 그렇지 않다. 대면적 교환관계에서는 협력적이지 않던 사람조차도 큰 시장사회에서는 오히려 자기 이익을 극대화하기 위해 협력적으로 행동한다는 것을 보여준다.

설령 그렇게 할 의도가 없었다고 하더라도, 시장거래에서는 개별적 개인들은 집단에 의해 규정된 공동이익을 극대화시키고자 노력하였다. 그렇게 협력적으로 행동하는 이유는 재산권 때문이다. 대면적 교환관계의 운영 방식은 관련된 사람들 간의 자발적 만족으로 평가된다. 그러나 비대면적인 거대한 시장교환의 운영 방식은 제도적 틀에 의해 결정되는데, 그 틀이란 대가를 제공하지 않고 타인으로부터 어떤 것을 획득하는 것을 금지하는 것이다. 그것이 바로 재산권 존중의 원칙이다. 그러므로 대면적 관계든 비대면적 시장관계든, 그 둘의 교환 세계는 모두 동일한 방식으로 작동된다. 즉, 무언가를 얻기 위해서는 무언가를 주어야 한다는 것이다.

번영의 토대
(The Foundation of Prosperity)

부를 창조하는 토대인 상품과 서비스 시장은 전문화의 수준에 따라서 결정된다. 조직화된 시장에서 생산자는 계속된 경험에 따라 예측되는 생산비를 알게 된다. 마찬가지로 소비자들은 가치 있는 상품의 예측되는 공급량에 따라서 소비를 한다. 다양한 상품이 교환되는 매우 복잡한 시장관계에서 지속적으로 반복되는 이런 시장 활동은 믿을 수 없을 만큼 효율적이다.

시장 실험(market experiments)을 해보면, 사람들이 자신들이 사고 파는 재화의 양과 최종 교환가격을 예측할 수 있는 방법이 없다는 것은 확실히 알고 있다. 실제로 흔히 말하는 시장의 효율성이란 완전한 정보, 경제에 대한 이해, 혹은 특별한 지식을 요구하는 것이 아니다. 시장 과정(process)을 연구하는 경제학자들이 존재하기 훨씬 전부터 사람들은 자연스럽게 시장에서 교역을 하고 있었다. 시장 사회를 살아가는 사람들은 기본적으로 다음 세 가지에 의존한다. 더 많은 소득이 가능한가, 더 적은 소득으로 귀결될 것인가, 그리고 자기 행동을 바꿀 기회가 있는가에 대해서만 알면 되는 것이다.

상품과 서비스 시장의 특징은 다양성이다. 기호, 기술, 지식, 자연자원, 토양, 기후 등과 같은 것들이 다양하게 존재한다. 그러나 교환의 자유가 없는 곳에서는 다양성이 있다고 하더라도 그것은 가난으로 귀결된다. 어떤 인류가 단일 자원과 단일 기술을 아무리 많이 물려받았다 하더라도 무역을 하지 않고서는 번영으로 가지 못했다. 자유교환적 시장이 있기 때문에 우리는 서로 모르는 사람, 심지어 생각이 다르거나 심지어 미워하는 사람에게까지 의존하며 살아가는 것이다. 자유시장이 없다면 우리는 가난하고, 비참하고, 흉포하고, 무지하게 될 것이다.

시장은 사회적 상호작용과 경제 교환에 관한 규칙의 준수라는 합의에 기반한다. 250년 전, 데이비드 흄(David Hume)만큼 그런 사실을 정확히 표현한 사람은 없었다. 자연상태에는 세 가지 법칙이 있는데, 그것은 소유의 권리, 동의에 의한 교환 및 약속의 이행이라고 하였다. 그것만이 시장과 번영을 가능하게 만드는 질서의 궁극적 토대라고 하였다.

흄이 말하는 자연법칙은 고대의 계명(戒名)에서 도출된 것이다. 도둑질하지 말라, 이웃의 재산을 탐하지 말라, 그리고 거짓말 하지 말라는 것이 그것이다. '도둑질'은 부의 소유권을 파괴시키고 부의 재생산을 약화시킨다. 다른 사람의 재산을 탐내는 것은 부를 재분배하고자 하는 강제적 국가를 불러들인다. 나아가 미래의 증가된 소득을 내다보며 성실하게 생산하려는 사람들의 동기를 약화시킨다. 거짓말을 하는 것은 당연히 공동체와 경영에 대한 신뢰, 투자에 대한 신뢰, 장기 수익성을 불가능하게 만들고 개인 간의 교환관계를 훼손시킨다.

시장만이 상품을 공급한다
(Only Markets Deliver the Goods)

경제발전은 법적 규칙과 사적 재산권에 기반하여 진화해 온 자유경제 및 정치질서와 깊이 연계되어 있다. 어느 사회에서 시도되었든지 간에 강력한 중앙계획 경제는 재화를 창출하는 데 실패했다. 경제적 자유를 막아온 장벽을 제거한 크고 작은 국가들에 대한 많은 사례가 있다. 중국과 뉴질랜드, 그리고 아일랜드가 그들이다. 이런 국가들의 공통점은 사람들이 자유롭게 경제적 개선을 추진할 수 있게 되면서 주목할 만한 경제성장을 이뤄냈다는 사실이다.

대표적으로 중국은 경제적 자유를 지향하는 방향으로 상당히 바뀌어 왔다. 시장경제로 가면서 중국은 헌법을 개정해서 인민들이 개인적으로 재산을 소유하고, 구입하고, 팔 수 있게 되었다. 그렇게 된 것은 정부가 거래를 금지시켰지만 이미 인민들은 재산을 서로 사고팔고 있었기 때문이다. 정부가 거래를 금지시키자 법을 어기고 거래를 한 사람들로부터 돈을 받는 지방 공무원들이 대거 양산되었다. 결국 중앙정부는 재산권을 인정함으로써 중앙에서 감시하고 통제하기 어려웠던 지방 공무원들의 부패를 지탱시키는 힘의 원천을 근절시킬 수밖에 없었다. 이런 제도와 법의 변화는 만연한 공무원 부패와 경제에 대한 정치개입을 제한하는 실질적인 수단이 되었다.

거래를 허용시킨 변화는 비록 자유를 위한 정치적 조치로 이뤄진 것은 아니었지만, 그런 조치는 보다 자유로운 사회로의 길을 만들고 있다. 즉각적인 변화들이 이미 광범위하게 나타나고 있다. 최근 〈포춘〉지의 500대 기업 가운데 276개가 베이징 근처의 거대한 R&D 파크에 투자하고 있는데, 그렇게 된 것은 중국 정부로부터 최소 50년간 임대할 수 있는 권리를 취득했기 때문이다.

아일랜드의 성공 사례는 경제정책을 자유주의화해서 부를 늘리는 데는 반드시 큰 국가에서만 가능한 것은 아니라는 것을 잘 보여준다. 과거의 아일랜드는 주로 사람을 수출하는 국가였다. 능력을 발휘하지 못하던 똑똑한 아일랜드 인력이 대거 외국으로 빠져나가게 된 것은 이민자들을 받아들인 미국과 영국에게 유리하게 작용했다. 불과 20년 전만 해도 아일랜드는 세계에서 매우 가난한 나라였지만, 현재는 1인당 소득에서 다른 유럽 국가들보다 앞서고 있다. 세계은행 통계에 따르면, 아일랜드의 국가총생산(GDP) 성장률은 1980년대에 3.2%이던 것이 1990년대에 7.8%로 도약했다. 아일랜드는 최근 1인당 GDP에 있어 세계 상위 8위였는 데 반해, 영국은 15위였다. 벤처 자본을 포함해서 해외 직접투자를 유치하고 금융서비스와 정보기술을 촉진함에 따라 아일랜드는 젊은이들이 다시 고국으로 돌아오는 두뇌 유출의 역전현상을 경험하고 있다.

아일랜드 젊은이들은 모국의 경제 자유의 확장으로 가능해진 새로운 기회 때문에 돌아오는 것이다. 그들은 모국만 아니라 미국과 세계의 다른 국가에서 삶의 질을 개선하는 데 '할 수 있다(can-do)'는 기회 구조를 활용하고 지식기반 사업의 사례를 만들고 있다. 아일랜드 젊은이의 이야기는 잘못된 정부정책에 따른 국가의 두뇌 유출이 어떻게 극적으로 역전되고 새로운 경제적 기회를 창출할 수 있게 바꿀 수 있는가를 보여준다.

두려워 할 것은 없다
(We Have Nothing to Fear)

변화, 성장, 경제발전 과정의 본질은 기술 변화에 따라 일자리가 바뀐다는 것이다. 국내 기업들에게 외국으로부터의 아웃소싱을 금지한다고 해서 다른 나라의 경쟁사가 아웃소싱하는 것을 막을 수는 없다. 외국의 경쟁사들은 아웃소싱을 통해 상대적으로 적은 비용으로 우수한 기술을 개발한다. 그런 경우 외국 경쟁사만 생산비를 낮추고 상품가격을 인하시킬 수 있게 됨에 따라 시장에서 커다란 이득을 얻는 것이다.

가장 잘 알려진 아웃소싱 사례는 제2차 세계대전 후 뉴잉글랜드 섬유산업이 남부 유럽국가의 저임금을 따라 남유럽으로 이동한 것이었다. 예상했던 대로, 그와 같은 아웃소싱은 남부 국가들의 임금인상을 가져왔고, 얼마 후에는 또 다시 아시아지역의 보다 낮은 비용이 가능한 국가들로 이동했다.

그렇다고 해서 뉴잉글랜드에서 일자리가 사라진 것은 결코 아니다. 오히려 섬유산업은 전자정보 산업과 생물공학 등의 첨단기술 산업으로 대체되었다. 뉴잉글랜드에서 섬유산업의 침체는 한때 중요 산업분야를 잃어버린 것으로 여겨졌다. 그러나 결과적으로 막대한 더 큰 소득을 만들 수 있었다. 1965년 워렌 버핏(Warren Buffett)은 매사추세츠에서 쇠퇴하던 섬유회사 중의 하나인 버크셔 해서웨이(Berkshire-Hathaway)를 인수했다. 그는 비록 규모는 컸지만 계속 축소되던 회사의 자금을 저평가된 기업에 재투자하는 데 활용했다. 투자되었던 회사들은 모두 크게 성공했고, 40년 후에 버핏의 회사는 시가 총액 1,130억 달러가 되었다. 유사한 전환이 오늘날 케이-마트(K-Mart)와 시어스 로벅(Sears Roebuck)에서 일어나고 있다. 어떤 것도 영원한 것은 없다. 과거의 사업이 쇠퇴하면 그 사업자원은 새로운 사업자원으로 전환되어야 하는 것이다.

미국경제연구소(NBER)는 다국적 기업의 국내 및 해외 투자에 대한 새로운 연구 결과를 발표했다. 연구 결과에 따르면, 미국 기업이 해외에 1달러를 투자할 때 미국에는 3.5달러가 투자된다는 것을 보여주었다. 해외투자와 국내투자 간에는 보완적 관계가 있다는 것을 증명했다. 즉, 하나가 증가하면 다른 하나도 증가하는 것이다. 맥킨지 앤 컴퍼니(Mckinsey & Co.)는 미국 기업이 인도로부터 1달러를 아웃소싱할 때마다 1.14달러가 미국의 이익으로 축적된다고 추산했다. 이익의 절반 정도는 투자자와 고객에게 돌아가고 나머지 대부분은 새로운 일자리 창출에 투자된다. 반면에 독일에서는 1유로가 투자되었을 때, 미국에서 투자된 것과 대비하면 80% 정도의 이득이 산출되었다. 이러한 결과가 나오게 된 주된 이유는 독일 정부가 상대적으로 많은 규제를 만들어 놓았기 때문에 해고된 독일 노동자들이 재취업되는 비율이 상대적으로 낮기 때문이다.

나는 미국이 혁신 지수에서 세계 1위로 계속 남아 있는 한 아웃소 싱을 두려워할 필요가 없다고 본다. 오히려 미국 정치인들이 일자리가 없어진다면서 외국으로부터의 아웃소싱에 반대하는 것을 더 두려워해 야 한다. 미 국제경제연구소에 따르면, 1999년부터 2003년 사이에 11 만 5천 개 이상의 고연봉 컴퓨터 소프트웨어 직장이 창출되었지만, 그 기간에 아웃소싱과 같은 외부 위탁 때문에 사라진 일자리는 7만 개에 불과했다. 마찬가지로 서비스 부문에서 1천 2백만 개의 새로운 일자리 가 창출되었는데, 그 기간에 1천만 개의 일자리가 대체되었다. 급격한 기술변화 현상과 함께 새로운 일자리로 대체되고 있다는 것은 오히려 경제발전에 있어서 가장 중요한 것이다.

미국 기업은 외국으로부터의 아웃소싱을 통하여 세계시장에서 경 쟁력을 유지하기 위한 신기술과 새로운 일자리에 투자할 수 있는 자 본을 비축할 수 있는 것이다. 불행하게도 혁신의 고통을 감수하지 않 고 이득을 향유할 수는 없다. 변화는 분명 고통스럽다. 일자리를 잃고 새로운 일자리를 찾아야 하는 사람들에게 변화는 고통스런 것이다. 실 패할 확률이 높은 신기술에 투자했다가 막대한 손실을 보는 사람들에 게도 변화는 고통스럽다. 그러나 성공했을 때 얻는 이득은 총체적으로 경제 전반에 막대한 새로운 부를 가져온다. 신기술의 창출 과정과 치 열한 경쟁 과정에서 습득한 지식을 통해 창출된 이득은 사회 전반에 서 공고화되고 시장에 참여하는 모두가 함께 공유할 수 있게 된다.

세계화는 새로운 개념이 아니다. 세계화는 인류가 보다 나은 삶을 살기 위해 교환거래를 하고, 세계적 차원으로 전문화를 확대하는 것을 지칭하는 용어일 뿐이다. 아주 오래 전부터 계속된 인류의 이동을 서술하는 현대적 개념인 것이다. 세계화는 평화적 개념이다. 위대한 프랑스 경제학자 프레드릭 바스티아(Frederic Bastiat)는 탁월하게 그의 견해를 표현했다: "상품이 국경을 넘나들지 않으면, 군인이 국경을 넘나들게 될 것이다."

3. 자유의 문화
(The Culture of Liberty)

마리오 바르가스 요사(Mario Vargas Llosa)

　페루 출신 소설가이자 노벨문학상 수상자인 마리오 바르가스 요사(Mario Vargas Llosa)는 세계적 자본주의가 전통문화를 오염시키고 손상시킬 것이라는 두려움을 떨쳐내야 한다고 강조한다. 그는 '집단 정체성(collective identity)'이 오히려 개성을 말살하고 있다면서, 진정한 정체성은 "집단주의적 영향에 저항하며 자신의 생각에 따라 자유롭게 대응할 수 있는 인류의 능력"으로부터 나온다고 주장한다.

　마리오 요사는 세계적으로 유명한 소설가이며 잘 알려진 지식인이다. 2010년 그는 소설을 통해 "권력 구조에 대한 훌륭한 묘사와 개인의 저항, 반감, 패배에 대한 사실적 표현"을 인정받아 노벨문학상을 수상했다. 『염소의 축제(The Feast of the Goat)』, 『세계를 종식시키는 전쟁(The War of the End of the World)』, 『훌리아 아주머니와

대본작가(Aunt Julia and the Scriptwriter)』, 『나쁜 소녀(The Bad Girl)』, 『알레한드로 마이타의 실제 삶(The Real Life of Alejandro Mayta)』와 같은 소설이 그가 쓴 소설들이다.

다음의 글은 2001년 1월 1일자 〈포린 폴리시(Foreign Policy)〉에 게재된 내용을 저자의 허락 하에 전재한 것이다.

세계화에 대한 가장 효과적인 공격은 대개 경제와 직접 관련되지 않은 것이다. 세계화에 대한 공격은 다분히 사회적, 윤리적이며, 특히 문화적이다. 그런 공격은 1999년 시애틀에서의 반(反) WTO 시위와 진압과정의 혼란에서 드러났고, 보다 최근에는 다보스, 방콕, 프라하에서 재확산된 바 있었다. 그들은 다음과 같이 말한다:

"시장에 의해 국경이 사라지고 서로 연계된 세계가 형성되는 것은 개별 국가와 지역적 문화 정체성에 치명적 타격을 준다. 지역적 문화와 전통, 관습, 신화 그리고 풍습은 사라지게 될 것이다. 세계 대부분의 나라는 거대한 초국가 기업을 이끄는 선진국이나 초강국, 보다 중요하게는 미국 문화상품의 침투에 저항할 수 없기 때문이다. 결국 북미 문화가 세계를 표준화시키고 다양한 지역에 존재하는 풍부한 문화적 특성을 소멸시킬 것이다. 이런 방식으로, 작고 약한 민족뿐만 아니라 모든 민족이 정체성과 정신을 상실하게 될 것이다. 이것은 21세기적 식민지에 불과하다. 이런 결과에 따른 자본, 군사력, 과학 지식이 전 지구를 지배하게 될 것이며,

다른 국가에서는 그들의 언어와 사고방식, 믿음, 오락 및 꿈꾸는 것에 이르기까지 모두가 신제국주의 문화 규범을 따르는 좀비(zombi)나 캐리커처에 불과할 것이다."

세계화로 언어와 문화의 다양성이 상실되었다고 비판하고, 문화적으로 미국을 따라가는 세계를 거론하면서 악몽이라거나 유토피아의 정반대로 가고 있다고 하는 것은 마르크스, 마오, 체게바라 등을 동경하는 좌파 정치인만 그런 것은 아니다. 미국에 대한 증오와 원한으로부터 시작된 것이면서도, 스스로 박해받고 있다는 착각을 갖는 것은 찬란한 문화를 가진 국가나 개발도상국에서도 마찬가지다. 이제는 좌파, 중도, 우파의 정치 영역에서까지 공유되고 있다.

물론 가장 악명 높은 사례가 바로 프랑스이다. 프랑스에서는 세계화로 문화와 정체성이 위협받고 있다고 주장된다. 프랑스가 가진 '문화 정체성'을 보호하자는 정부 캠페인이 빈번하게 펼쳐진다. 상당수 지식인과 정치인이 몽테뉴, 데카르트, 라신, 보들레르를 배출한 국가이자 의상, 사상, 예술, 음식 및 그 밖의 모든 문화영역에서 오랫동안 주요 역할을 했던 국가가 맥도날드, 피자헛, 켄터키 프라이드치킨, 락, 랩, 할리우드 영화, 청바지, 스니커즈, 티셔츠 등에 의해 침해될 수 있는 가능성에 놀라고 있다.

프랑스에서 그러한 우려는 영화산업에 지급되는 막대한 보조금, 그리고 극장에 일정 수의 프랑스 영화를 상영하도록 요구하거나, 미국영화의 수입을 제한하도록 하는 할당제(quotas) 요구 등으로 나타났다. 지방자체단체들은 영어식 어법에 의해 프랑스의 몰리에르어가 영향을 받은 광고에 대해 거액의 벌금을 물리는 가혹한 명령을 발동하기도 했다. 그럼에도 불구하고 파리(Paris)의 길을 지나가며 살펴보면 그런 명령들은 전혀 지켜지지 않고 있는 것 같다. 형편없는 음식(la malbouffe)에 대해 전쟁을 벌이는 십자군이라 불리는 농부 조제 보베 (José Bové)가 프랑스에서 영웅 못지않은 대중적 인물이 된 것도 세계화에 대한 우려 때문이다. 최근 농부인 보베가 3개월의 징역형을 선고받으면서 그의 인기는 더 높아질 것으로 보인다.

세계화가 지역문화를 멸종시킨다는 주장을 받아들일 수는 없지만, 그 주장에 의심할 수 없는 진실이 깊게 자리 잡고 있다는 점은 분명하다. 우리가 앞으로 살아가게 될 세계는 이전 세계에 비해 전통적 다양성도 줄어들고, 고유한 지역색도 덜 나타나게 될 것이다. 축제, 의상, 관습, 의례, 의식, 그리고 과거 민간에서 전승되며 인종적 다양성을 보여주었던 인식 구조 등은 점차 사라지고 소수문화로 한정될 것이다. 그렇지만 우리 사회 전반에는 그런 것들이 없어지기도 하지만 시대현실에 더 적합한 수많은 다른 것들이 나타나고 있다. 모든 국가에서 그런 과정을 경험하고 있다. 물론 일부 국가는 다른 국가보다 더 빠른 속도로 경험하고 있다. 그것은 세계화 때문이라기보다는 근대화 때문이다. 근대화가 그런 거대한 변화를 가져오는 것이다.

세계화는 원인이 아니라 결과인 것이다. 현재의 익숙해진 관점으로 보면, 문화적 변화에서 세계화가 발생하는 것이 안타깝기도 하고, 즐거움, 독창성, 특색이 가득해 보이는 과거 삶의 방식이 쇠퇴하는 것에 향수를 느낄 수도 있다. 그러나 새로운 변화는 피할 수 없다. 작은 수준의 개방조차도 체제붕괴로 이어질 것이라고 두려워하는 쿠바나 북한과 같은 전체주의 체제들만이 스스로를 고립시키고 있다. 쿠바와 북한은 세계화를 막는 것이라기보다는 근대화를 막는 것이다. 근대성을 막기 위해 모든 형태의 금지와 처벌을 시행하고 있다. 그러나 그들 국가에서조차 소위 '문화 정체성'이라고 강변되는 것들조차도 서서히 침투하여 점진적으로 변화를 만들어내는 근대성을 막지는 못할 것이다.

이론상으로는 국가가 나서서 독자적 정체성을 유지할 수 있을지 모른다. 그러나 그것은 다른 국가와의 교환을 전면 중단하고 자급자족하며 아프리카나 아마존의 외딴 부족처럼 완전히 고립되어 살기로 결심한 경우에나 가능한 것이다. 폐쇄적 방식으로 보존하려는 문화적 정체성은 그 사회를 역사 이전의 생활수준으로 되돌리는 것일 뿐이다.

근대화에 의해 많은 전통적 삶의 양식이 사라지게 된 것은 사실이다. 그러나 이와 함께 근대화는 새로운 기회를 가져다주었다. 전체적으로 삶의 형식에 커다란 진전을 가져왔다. 그렇기에 자유로운 선택이 주어지면 대부분의 사람들은 별로 고민하지도 않고 정치지도자나 전통적 지식인이 고수하던 것에 저항하면서 근대화를 선택하게 된다.

세계화에 저항하고 문화 정체성을 옹호하는 사람들은 역사적 사례를 찾을 수 없음에도 불구하고 마치 고정된 문화가 있다는 식의 개념을 갖고 있다. 도대체 어떤 문화가 동일한 방식으로 계속 유지되며 변화되지 않고 있다는 말인가? 그런 문화를 찾기 위해서는 주술을 믿는 작은 원시공동체들을 조사해야 하는데, 그런 공동체는 동굴에 살며, 천둥과 동물을 숭배하고, 원시성으로 인해 약탈당하거나 전멸당하기 쉬운 상태에 있었을 뿐이다. 다른 모든 문화, 특히 현대적이고 존속되고 있는 문화는 2, 3세대 전의 것과는 전혀 다른 모습을 갖고 있고 계속하여 진화되고 있다. 이런 문화적 진화는 프랑스, 스페인, 영국과 같은 나라들에서 쉽게 찾아볼 수 있다. 이들 나라에서 전개된 지난 반세기 동안의 변화가 너무 극적이고 심오해서, 정작 새로운 사회 변화를 이끌어내는 데 크게 공헌하는 작품을 써온 마르셀 프루스트, 페데리코 로르카, 버지니아 울프 같은 인물조차도 현재의 사회를 본다면 자신이 태어나 살았던 사회라고는 거의 인식하지 못할 것이다.

'문화 정체성'이란 매우 위험한 개념이다. 사회적 관점에서 보면 불분명한 것이고 인위적 개념이지만, 정치적 기준에서 보면 문화 정체성은 인류의 가장 중요한 성취인 자유를 위협한다. 물론 동일한 언어를 사용하고, 같은 영토에서 태어나 살며, 동일한 문제에 직면하고, 동일한 종교와 관습을 따르는 사람들이 공통된 특성을 갖는다는 것을 당연하다. 그러나 집단 구성원 모두에게 공통된 특징이 있다고 규정하는 것은 개별 구성원들의 개성에 반하는 것일 뿐만 아니라, 구성원들의 고유 속성과 특징을 없애는 것이거나 중요하지 않은 부차적인 것처럼 여기게 된다.

정체성 개념을 개별적으로 이해하지 않으면 지나치게 단순화되고 개성이 말살된다. 집단 정체성이란 인류가 갖고 있는 독창적이고 창조적인 전통, 지리, 사회규범 등과 무관한 것을 집단화하고 이념화하는 개념이 되기 쉽다. 진정한 정체성은 오히려 이런 집단화 경향에 저항하며 창조적이고 자유로운 행동으로 그런 영향에 맞서는 인류의 능력으로부터 나온다.

'집단 정체성'이란 개념은 이념적 가설(fiction)이며 민족주의의 토대를 만든다. 인종주의자와 인류학자가 보더라도, 가장 원시적인 공동체들에서조차 집단 정체성의 실체적 모습이 결정되어 있는 것이 아니다. 공동의 관행과 관습은 집단을 보호하는 데 중요할 수도 있지만, 집단과 다르게 행동하는 구성원들의 창의력과 개별적 결정이 갖는 의미는 매우 크다. 개인을 단순히 집단성의 주변부적 요소가 아니라 개별적으로 검토한다면, 집단 속성보다는 개인별 차이가 훨씬 크다는 것을 알게 된다.

　세계화는 세계 모든 시민들에게 자신의 선호와 동기에 따라 자발적이고도 개별적으로 문화 정체성을 구축할 수 있는 가능성을 급격히 확대시켰다. 이제 각 개인은 회피할 수 없는 강제적 집단캠프에서처럼 구속적이고 얽매이는 정체성을 존중해야 할 의무는 없다. 그런 정체성이란 그들이 태어난 곳의 언어, 국가, 교회 그리고 관습에 의해 그들에게 씌워진 것이다. 이런 측면에서 세계화는 개인 자유의 지평을 괄목할 만하게 확장했다는 점에서 환영받아야 한다.

하나의 대륙, 두 개의 역사
(One Continent's Two History)

　라틴아메리카 지역은 집단 정체성을 수립하려는 의도와 불합리성에 관한 가장 좋은 사례이다. 라틴 아메리카의 문화 정체성은 무엇인가? 라틴아메리카에 하나의 독특하고 일관된 개성을 부여해 주는 신념, 관습, 전통, 관행 그리고 신화라는 집합(集合)에는 무엇이 포함되어 있어야 하는가?

역사는 이런 질문에 답하려는 다소 격렬한 지적 논쟁 속에서 형성되었다. 가장 두드러졌던 것이 20세기 초에 시작된 히스패니스트(Hispanists)들이다. 그들은 아메리카 문화를 히스패닉 문화로 통합하자고 주장했다. 토착문화주의자들(indigenists)의 저항에 대항하며 대륙 전체에 히스패닉 문화를 통일시켜서 전파하고자 했던 것이었다.

호세 아구에로(José de la Riva Agüero), 빅터 벨라운데(Víctor Andrés Belaúnde), 프란시스코 칼데론(Francisco García Calderón)과 같은 히스패니스트는 라틴 아메리카는 스페인어와 포르투갈어 사용자들이 다툼을 벌이는 과정에 발견되고 정복된 덕택에 태어났으며, 기독교를 채택하면서 서구 문명의 일부가 되었다고 본다. 히스패니스트들이 히스패닉 이전 문화를 과소평가하는 것은 아니지만, 전통문화는 히스패닉문화의 사회적, 역사적 실체를 이루는 한 요소이지 중요한 요소는 아니라고 본다. 라틴아메리카가 특성과 개성을 완전히 갖추게 된 것은 문화적 선명성을 부여한 서구 영향 때문이라고 여겼다.

반면에 토착문화주의자들은 도덕적 분노를 표하면서 유럽이 라틴 아메리카에게 가져다 준 혜택 자체를 부정하였다. 그들은 토착적 정체성이라고 할 수 있는 뿌리와 영혼이 히스패닉 이전의 문화와 문명에 있었다고 본다. 그런데 그 고유의 문화와 문명의 발전이 식민지적 폭력성에 의해 심하게 훼손되었고, 식민시대 3백 년뿐만 아니라 그 이후, 공화주의의 출현 이후에도 비난과 억압의 대상이 되었으며, 주변부화되었다고 본다.

토착문화 사상가에 따르면, '전통적 아메리카의 표현양식 속에는 서구의 문화적 억압에 저항하면서 현재까지 지속된 전통적 표현형식이라고 할 수 있는 전통언어에서부터 신념, 전례, 예술 그리고 대중적 관습이 자리잡고 있다고 본다. 이런 입장을 견지하는 대표적 역사가인 페루의 루이스 발카르셀(Luis E. Valcárcel)은 심지어 교회, 수도원, 그 외 식민지 유적들은 모두 '반 페루(Anti-Peru)'적이기 때문에 태워 버려야 한다고 주장한다.

그러나 그것은 모순된 것이거나 속이는 것일 뿐이다. 왜냐하면, 그들은 그 이전 원래부터 있던 원시적 아메리카의 전통에 대해서는 마찬가지로 부정하기 때문이다. 유일하고도 고유한 뿌리라고 할 수 있는 원시적 초기의 아메리카를 부정하면서 페루적인 것만을 주장할 수는 없다.

히스패니시즘과 토착문화주의는 모두 역사를 다룬 탁월한 저서와 창의적 소설 작품을 내놓았지만, 현재의 시각에서 다시 보면 모두 동일하게 편협하고, 단순하며, 잘못된 것이다. 라틴아메리카가 가진 폭넓은 다양성을 이념적 틀(straitjacket)에 가둬 두려고 해서는 안 된다. 그것은 모두 일종의 인종주의이다. 누가 감히 '히스패닉'이나 '인디안'만이 라틴아메리카를 적절하게 표현한 문화 정체성이라고 주장할 수 있겠는가? 그럼에도 불구하고 고유한 '문화적 정통성'을 만들어 놓고 다른 문화와 구분지으려는 정치적 논리와 지적 열정이 마치 명분이 있는 것처럼 여겨지는 것이 현실이다.

다른 사람들에게 특정 문화 정체성을 강요하는 것은 사람을 감옥에 가둬놓고 가장 소중한 가치인 선택할 자유를 부정하는 것과 마찬가지이다. 라틴아메리카는 결코 하나가 아니며 여러 문화적 정체성을 복합적으로 갖고 있다. 어느 문화가 다른 문화보다 더 합법적이고 더 순수하다고 주장할 수는 없다.

라틴아메리카 문화는 당연히 멕시코와 과테말라는 물론이고 안데 스산맥 국가에서 여전히 사회적 힘을 발휘하는 히스패닉 이전의 문화 까지를 포함한다. 그러나 라틴아메리카는 마찬가지로 지난 5백년 동 안 전통을 만들어온 스페인어와 포르투갈어 사용자의 것이기도 하다. 그들은 아메리카 대륙에 살면서 현재의 특성을 만드는 데 결정적인 역할을 했다. 동일한 논리로 아메리카 대륙은 유럽인과 함께 아메리카 해변에 도착했던 아프리카인의 것이기도 하다. 아프리카인이 끼친 영 향은 아메리카인의 피부, 음악, 체질, 사회에 분명히 나타나 있지 않은 가? 라틴아메리카를 구성하는 문화적, 인종적, 사회적 요소들은 세계 의 거의 모든 지역의 문화를 연결시키고 있다. 아메리카는 하나인 것 같지만 너무나도 많은 다양한 문화적 정체성을 포함하고 있다. 배타적 민족주의자들이 믿는 것과는 달리, 이런 다양성을 가진 현실이 바로 우리의 가장 큰 자산이다. 이런 다양성이야말로 세계화된 세계에서 우 리 시민이 느낄 수 있는 행복이기도 하다.

지역의 목소리, 세계적 영향력
(Local Voices, Global Reach)

세계가 미국화되고 있다는 우려는 실체적이기보다는 이념적 편집

증이다. 중세 시대에 라틴어가 그랬던 것처럼, 세계화와 더불어 영어가 우리 시대의 일반적 언어가 된 것은 의심할 수 없는 사실이다. 국제거래와 소통에서 영어는 불가피한 수단이기 때문에 계속 확산될 것이다. 그러나 이런 사실을 가지고 영어가 다른 언어를 희생시키며 발전한다고 말할 수 있을까? 절대로 그렇지 않다. 실제로는 그 반대가 진실이다. 국경이 사라지고 점점 더 상호의존적이 된 세계에서 새로운 세대들은 취미와 삶의 필요에 따라 다른 문화를 배우고 그 문화에 동화하게 된다. 왜냐하면, 다양한 언어를 사용하고 다른 문화를 편안하게 여기는 능력은 전문적인 성공을 이루는 데 중요하기 때문이다.

스페인어의 경우를 생각해 보자. 반세기 전에 스페인어 사용자들은 내부지향적 공동체를 지향했다. 따라서 우리는 스페인어만으로 해결할 수 없는 아주 부득이한 경우에 한하여 외국어를 배웠다. 그러나 스페인어는 오늘날 5개 대륙에 광범위한 스페인어 사용자를 갖게 되었을 뿐만 아니라, 지금도 역동적으로 확산되고 있다. 현재 미국에만 대략 2천 5백만 내지 3천만 명의 스페인어 사용자들이 있다는 사실은 미국 대통령 후보였던 조지 부시와 앨 고어가 영어뿐만 아니라 스페인어로 유세를 해야 했던 이유를 설명해 준다.

전 세계의 수백만 젊은이들이 일본어, 독일어, 중국어, 광둥어, 러시아어, 프랑스어를 배우며 세계화의 과제에 대응하고 있지 않은가? 다행스럽게도 이런 경향은 미래에도 증가할 것이다. 그렇다면 영어가 확산되는 위협을 막자고 주장할 것이 아니라, 새로 펼쳐지는 세계 도처에서 자신의 문화와 언어를 열정적으로 홍보하는 것이 그들의 문화와 언어를 가장 잘 보호하는 방법일 것이다.

단순히 영어 확산을 막자는 처방을 제안하는 사람은 문화 정체성에 대해 많은 주장을 하고 있지만 실제로는 배타적 민족주의자일 뿐이다. 문화적 보편주의는 배타적 민족주의자가 문화적 다양성 속에 투여하려는 편협하고, 배타적이며, 혼란스러운 비전을 극복해야 한다. 문화 정체성과 관련하여 우리가 가장 존중해야 할 교훈은 문화란 공무원과 정치인에 의해 보호될 수 없다는 것이다. 문화는 결코 철창 속에 감금되거나 세금 부과 방식에 의해 고립될 수 없는 것이고, 생생하고 활기 있게 취사선택되도록 해야 한다는 것이다. 그런 의미에서 특정 문화의 확산을 막으려는 노력은 자신들의 문화를 위축시키며 스스로 시시한 문화에 불과하다는 것을 자인하는 격이다.

문화는 다른 문화와 지속적으로 경쟁하면서 자유롭게 선택될 수있어야 한다. 문화는 진화되는 삶의 흐름에 발맞춰서 혁신되고 새롭게되어야 한다. 고대에 (로마가 번성할 때) 라틴어가 그리스어를 죽이지않았다. 반대로 헬레니즘 문화의 예술적 독창성과 지적 깊이는 로마문명에 깊이 침투했고, 그 침투를 통해 호머의 시나 플라톤과 아리스토텔레스의 철학이 전 세계로 확산될 수 있었다. 문화의 세계화는 지역 문화를 사라지게 하지 않는다. 세계적 개방의 틀 내에서 지역 문화는 생존할 가치를 찾을 것이며, 오히려 세계화를 통해 중요한 지역문화가 꽃필 새로운 비옥한 토양을 찾아낼 것이다.

이런 현상은 유럽의 도처에서 일어나고 있다. 특히 주목할 만한 지역은 스페인이다. 스페인 곳곳에서 지역문화가 다시 활발하게 등장하고 있다. 프랑코 장군의 독재 시기에 지역문화는 억압되고 금지되면서비밀스러운 것이었다. 그러나 민주주의가 복구되면서 스페인의 풍부한 문화적 다양성은 부활하여 자유롭게 발전하고 있다. 지방자치 체제에서 지역문화는 카탈로니아, 칼리시아, 바스크는 물론이고 스페인의 나머지 지역에서 두드러지게 증가하였다. 이런 긍정적이고 풍부한 지역문화의 재탄생 현상을 문화의 자유화를 심각하게 위협하는 배타적 민족주의와 혼동해서는 안 된다.

엘리어트(T.S. Eliot)는 1948년 그의 기념비적인 글 "문화의 정의에 대한 노트(Notes Towards the Definition of Culture)"에서 미래 인류는 현지 및 지역문화의 부흥을 경험하게 될 것이라고 예측했다. 당시 그의 예언은 매우 대담한 것이었다. 그러나 21세기에 문화의 세계화는 그것을 현실화하고 있고, 우리는 이런 현상에 행복해 해야 한다. 지역문화가 재탄생하고 세계인들이 공유하게 된 것은 18세기 말, 특히 19세기의 민족국가들이 소위 민족문화의 정체성을 고정화시키기 위해 폐기시켰던 다양성을 풍부하게 하면서도 인간성의 회복에도 기여할 것이다. 이런 사실은 쉽게 잊혀지기도 했지만 '민족문화'라는 강압적인 도덕적 의무 때문에 잊혀져 왔던 것이다.

강요된 민족문화란 것은 민족국가가 이상적인 것이라고 여긴 것을 일방적으로 발전시킨 것이다. 정형화된 민족문화는 다른 지방의 언어와 출판, 혹은 종교와 관습이라는 관행을 금지시키며 대부분 강압과 무력에 의해 형성된 것이기도 하다. 민족국가는 세계의 많은 곳에서 이러한 식으로 지역문화를 억누르며 지배적 민족문화를 강요하였고, 그 결과 지역문화는 억압되고 폐기되었다.

그러나 세계화를 우려하는 사람들의 생각과는 다르게, 지역문화와 작은 문화의 내면에는 풍부한 전통이 깃들어 있다. 비밀리에 행해지는 문화라 하더라도 그 문화를 따르는 사람들이 있다면, 아무리 작은 문화라도 그 문화를 완전히 없애는 것은 쉽지 않다. 실제 오늘날 민족국가가 약화되고 세계화가 진행되는 지구의 거대한 콘서트를 통해 지역문화는 삶의 역동적 모습을 보여주고 있다. 문화의 세계화를 통해 그동안 잊혀지고 주변부화되었던, 그리고 침묵을 지켰던 지역문화가 다시금 생생하게 등장하고 있는 것이다.

재미와 유익함을 줄 만한 추천 도서
(좋은 학술 논문들)

자본주의의 도덕성을 다룬 연구들은 많다. 그러나 그 연구들 중 상당수는 볼품없는 것들이다. 아래에 자본주의에 대한 이슈들을 이해하는 데 도움이 될 만한 몇 권의 책들을 소개한다. 상당히 두꺼운 책일 수도 있지만 아담 스미스, 미제스, 하이에크, 랜드, 맥클로스키와 자본주의 옹호자들의 다른 많은 책과 논문들은 본 역서『자본주의는 도덕적인가?』에도 인용되어 있다. 따라서 이 책 논문들의 미주(尾注)에 나와 있는 내용들을 찾아보기를 권한다. 그럼에도 저자나 편저자의 이름을 알파벳 순으로 배열한 아래의 책들은 몇 가지 생각할 거리를 제공할 것이다.

— 탐 G. 팔머

The Morals of Markets and Related Essays, by H. B. Acton (Indianapolis: Liberty Fund, 1993).

영국의 철학자 H.B 액튼이 이익, 경쟁, 개인주의와 집단주의, 계획,

그 외의 많은 주제와 관련된 사항을 명확하고 알기 쉽게 쓴 책이다.

Morals and Markets: An Evolutionary Account of the Modern World, by Daniel Friedman (New York: Palgrave Macmillan, 2008).

저자는 시장과 도덕이 함께 발전한다는 데 대한 식견을 보여주고, 시장과 도덕을 개선할 몇 가지 논쟁적인 문제를 제시한다.

The Fatal Conceit: The Errors of Socialism, by F. A. Hayek (Chicago: University of Chicago Press, 1988).

하이에크는 경제학으로 노벨상을 받았지만 "평범한 경제학자" 그 이상이었다. 그가 마지막으로 쓴 이 짧은 책은 그가 시장 자본주의에 대해 갖고 있었던 모든 관심사를 담고 있다.

The Ethics of Redistribution, by Bertrand de Jouvenel (Indianapolis: Liberty Fund, 1990).

이 짧은 책은 유명한 프랑스 정치학자가 케임브리지 대학에서 행한 강의에 토대를 두고 있다. 각 장은 짧고 간결하며, 소득의 평등을 보다 확대하기 위해 소득을 재분배하려는 시도의 함의와 윤리적 토대를 검토하고 있다.

Discovery and the Capitalist Process, by Israel Kirzner (Chicago: University of Chicago Press, 1985).

저자는 자본주의, 개입주의, 그리고 사회주의를 기업가의 눈을 통해 검토하고, 경각심(alertness), 혁신, 유인(incentives) 그리고 이익 등에 대해 흥미로운 것들을 많이 언급하고 있다.

The Ethics of the Market, by John Meadowcraft (New York: Palgrave Macmillan, 2005).
　　자유시장 자본주의에 대해 반대하면서 제기하는 다양한 이슈들을 개관하고 있다.

The Origins of Virtue: Human Instincts and the Evolution of Cooperation, by Matt Ridley (New York: Viking, 1997).
　　동물학자이자 전문 과학 저술가인 리들리는 진화론적 생물학의 관점에서 인간의 행태를 이해하려는 지적 활동을 해왔다. 덕, 재산 (property), 무역에 대한 그의 통찰력은 유익하고 재미있다.

The Economics of Rights, Co-operation, and Welfare, by Robert Sugden (London: Palgrave Macmillan, 2005).
　　저자는 소유와 교환의 도덕성을 게임이론으로 설명한다. 수학적 방법은 매우 기본적인 것으로 데이비드 흄의 훌륭한 통찰력을 이해하는 데 크게 도움을 준다.

Moral Markets: The Critical Role of Values in the Economy, ed. by Paul J. Zak (Princeton: Princeton University Press, 2008).
　　이 책은 시장의 도덕성에 대한 많은 주제들을 다루고 있으며, 게임이론, 생물학, 심리학, 그 밖의 다른 학문들로부터 근거한 과학적 통찰력을 제시하고 있다.

자본주의는 도덕적인가
(The Morality of Capitalism)

−지식인들도 이해 못한 시장경제의 본질−

초판 인쇄 _ 2016년 5월 6일
초판 발행 _ 2016년 5월 10일

저　자 _ 탐 G. 팔머
옮긴이 _ 김광동
펴낸이 _ 박기봉
펴낸곳 _ 비봉출판사
주　소 _ 서울 금천구 가산디지털2로 98. 2동 808호(롯데IT캐슬)
전　화 _ (02)2082-7444
팩　스 _ (02)2082-7449
E-mail _ bbongbooks@hanmail.net
등록번호 _ 2007-43 (1980년 5월 23일)
ISBN _ 978-89-376-0444-7　03320

값 12,000원